GUIARAMA **COMPACT**

AF277693

Portugal

ANAYA
TOURING

Autor: **Carlos Alonso**
Actualización: **Alex Tarradellas y Rita Custódio**

Responsable de proyecto: **David Lozano**
Editora de textos: **Susana Folgado**
Cartografía: **ANAYA Touring**
Producción: **Juan José Rodriguez, Olga Hernando y Antonio Mellado**
Diseño de la colecccción: **marivies**

Procedencia de las fotografías:
Fotografías: 123RF: 40a, 51, 70, 74a, 77a, 93b, 97b, 123a, 146ab. **AGE:** 6, 32. **Archivo Anaya:** 17 a, 75. **Cruz, M./Anaya:** 23ab, 47b. **Depositphoto:** 10, 31b, 53, 63, 72b, 73a, 82b, 84b, 121. **Dreamstime:** 2, 12, 13, 16, 17b, 18, 21a, 35, 40a, 45, 52, 60, 67a, 74b, 76, 84a, 91, 92a, 96a, 99, 100, 113, 117, 120, 123c, cabecera Donde, 124, 145, 152-153. **iStockphoto:** 8, 9, 11a, 14, 15, cabecera Mirada, cabecera Diez Indispensables, 20ab, 22, 25, 30, 31a, cabecera Visita Oporto y norte de Portugal, 34, 37ab, 41b, 42a, 44, 47ac, 50, cabecera Visita Coímbra, 56, 58, 59, 64, 65ab, 67b, 72a, 73b, 77b, 78, 83, 87, 90ab, cabecera Visita Alentejo, 92, 95, 96b, 98, 101, 104, 105, 106, 106-107, 107ab, cabecera Visita Algarve, 108, 109, 112, 115, 116, 118, 119, 122, 123b, 139, 141, 142. **Leiva, Á. de/ Anaya:** 21b. **Shutterstock:** Cubierta (2), 11b, 23c, 24, 27, 28, 29, 41a, 43, 57, cabecera Visita Lisboa, 66, 79, 81, 82a, 88, 89, 97a, 102, 130, 138, 140, cabecera Info, 158.

14ª edición: 2025

© Grupo Anaya, S. A., 2024
  Valentín Beato, 21. 28037 Madrid
  www.guiasdeviajeanaya.es

Depósito legal: M-25.815-2024
ISBN: 978-84-9158-748-4
Impreso en España-Printed in Spain

PAPEL DE FIBRA
CERTIFICADO

La información contenida en esta guía ha sido cuidadosamente comprobada antes de su publicación. No obstante, dada la naturaleza variable de los datos, recomendamos su verificación antes de salir.

Contenido

Parques y reservas naturales

Cómo usar esta guía

Esta **Guiarama** de **Portugal** se divide en cinco secciones que abarcan los aspectos más importantes de la visita al país.

Una mirada a Portugal, páginas 6-17

Presentación
Perfil de Portugal
No hay que perderse
Breve historia de Portugal
Parques y reservas naturales
Personajes famosos

Diez lugares inolvidables, páginas 18-31

La elección del autor de los diez lugares más atractivos del país, todos con información práctica.

Visita a Portugal, páginas 32-123

Se divide Portugal en cinco zonas, cada una con una introducción y listado de los lugares más interesantes.
Información práctica
Breves notas "¿Sabías que...?"
Paseos

Coímbra y las **Beiras**

Dónde ..., páginas 124-147

Información detallada sobre restaurantes, alojamiento, compras, niños y ocio.

Información práctica, páginas 148-154

Con toda la información que necesita el viajero antes de partir y durante su estancìa en Portugal.

Mapas y planos

La mayoría de los lugares de interés incluyen una referencia con su situación en los planos de la guía. Por ejemplo, en la pág. 71, junto a Praça do Comércio, puede leerse ⊙ D3, que indica las coordenadas (D3) donde se hallan dicha plaza en el plano de Lisboa. Los planos de las ciudades están a lo largo de la guía y el mapa de Portugal al final de la misma.

Cabo de São Vicente

9

Precios

El precio aproximado de los establecimientos se indicará mediante los signos:

C caro, **M** moderado y **E** económico.

Clasificación por estrellas

La mayoría de los lugares descritos en el libro se han clasificado por su grado de interés como sigue:

★★★	Visita obligada
★★	Muy interesante
★	Interesante

Símbolos utilizados

A lo largo de la guía se han utilizado símbolos sencillos y claros para indicar las siguientes categorías:

- referencia a los planos del final de la guía
- dirección o localización
- número de teléfono
- horario
- restaurante o café
- estación de metro más cercana
- rutas de autobús o tranvía
- estación de tren más cercana
- ferri más cercano
- aeropuerto
- información turística
- servicios para discapacitados
- precio de la entrada
- otros lugares de interés cercanos
- información adicional
- referencia a la página
- ► página con información más detallada

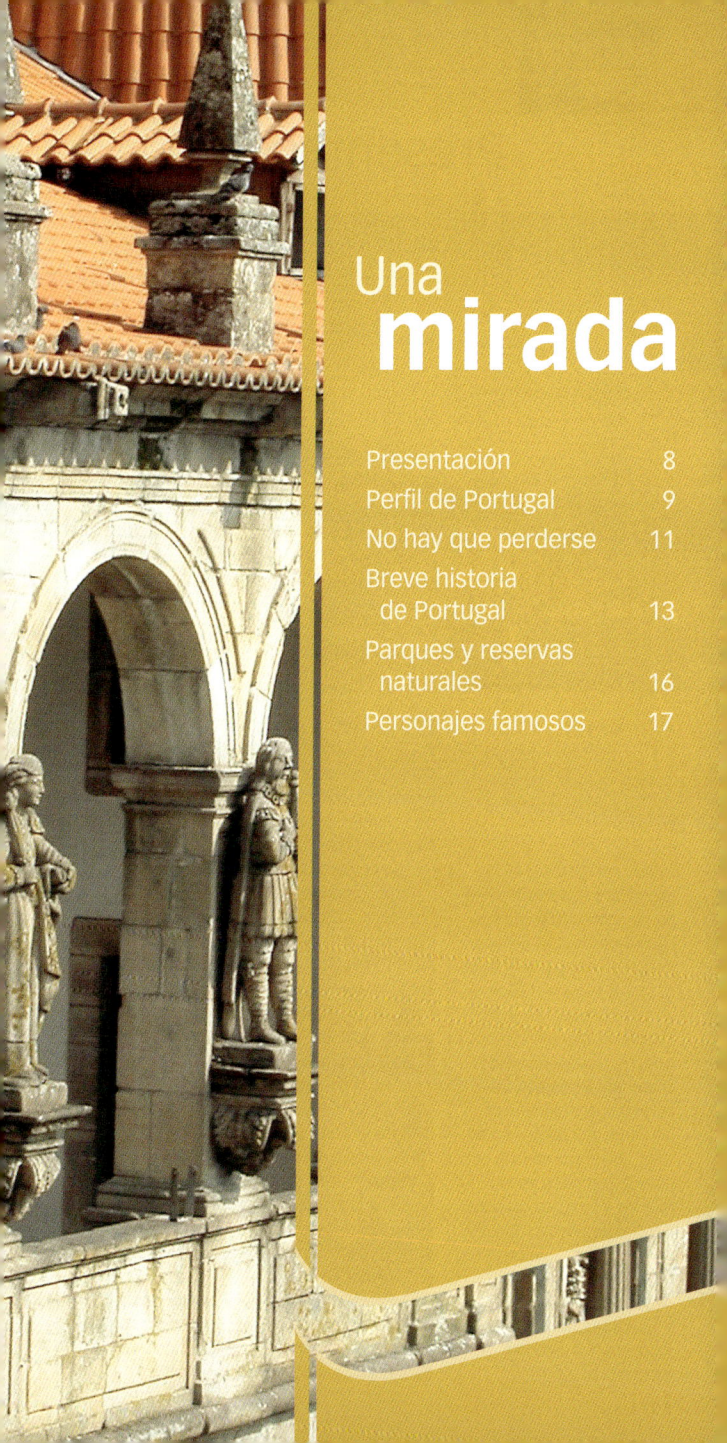

Una **mirada**

Presentación

▲ Vista aérea del centro de Lisboa.

❚ Visitantes españoles

La proximidad geográfica y la comodidad de viajar en el propio vehículo facilita mucho las cosas para visitar a nuestros vecinos. Pero ¿qué se puede esperar de una visita a Portugal? Sencillo: facilidades de comunicación, precios asequibles, comodidades en el transporte por la proximidad y las infraestructuras y, sobre todo, una oferta variada de paisajes, comidas, monumentos, hermosas ciudades y coquetos pueblos. En esta guía, cuyo fin es un corto viaje a Portugal, no se incluyen las islas de Madeira y las Azores. Sin embargo, no queremos dejar de recomendar su visita.

En los últimos años, Portugal ha pasado de ser uno de los países más desconocidos de Europa Occidental a convertirse en uno de los más visitados. El turista español ha podido comprobar de primera mano que, además de las ciudades de Lisboa y Oporto y de la archiconocida región del Algarve, en este país aún hay mucho por descubrir.

Para empezar, en Portugal casi todo el mundo comprende el castellano y se atreve a manejarlo comunicándose perfectamente, haciendo la vida del visitante mucho más fácil. Realizar un pequeño esfuerzo para entender las expresiones básicas y usarlas es reconfortante, además de un signo de respeto y aprecio por la cultura local que suele ser muy bien valorado.

Para continuar, los precios son asequibles. Portugal ya no es el país de comercio fronterizo donde comprar vajillas y textiles a precios ventajosos, pero sigue siendo más barato que España en casi todos los productos, con excepciones notables como gasolinas, tecnología, automóviles, etc. Por otro lado, las comunicaciones son fluidas y la red de carreteras y autovías es hoy excelente. Tres décadas de inversión en infraestructuras han transformado el país, acortando distancias.

La variedad de paisajes desde la montaña al llano, de las costas de acantilados pintorescos a los extensos arenales abiertos al Atlántico, es profusa y excepcional. Lo mismo que sus pueblos, cuidados y limpios. Y sus hermosas ciudades, llenas de historia y *saudade*.

Perfil de Portugal

Geografía

Portugal, enclavada entre el océano Atlántico y España, ocupa la parte occidental de la península Ibérica. Su superficie es de 92.090 km², más grande que Andalucía.

Clima y paisaje

Algarve. Goza de un clima mediterráneo de inviernos suaves y veranos largos y secos. Su paisaje se caracteriza por la abundancia de bosques de encinas y alcornoques en sus sierras y vegetación xerófila en las zonas más expuestas al sol y a las altas temperaturas de la costa.

Alentejo. El clima sigue siendo mediterráneo con algunos rasgos más continentales suavizados por las brisas atlánticas. Aquí los inviernos pueden ser un poco más frescos. El paisaje predominante son los campos de cereal salpicados por dehesas de encinas y alcornocales.

Estremadura y Ribatejo. El régimen de precipitaciones aumenta considerablemente, aunque estas se concentran principalmente desde el otoño a la primavera, siendo los veranos secos y calurosos. El paisaje presenta gran variedad de contrastes y riqueza, ofrecidos por las diferentes cotas de las sierras costeras que permiten desarrollo de bosques caducifolios, huertas y zonas de cultivo.

Beira interior, Alto Douro y Trás-os-Montes. Tienen un clima más continental y de montaña, pero con un abundante régimen de lluvias; en invierno son comunes las heladas y las nevadas en las cumbres. El paisaje es duro, abundan los berrocales mezclados con bosques de robles, rebollos y melojos, así como bosques bajos mezclados con praderas y brozo.

Beira litoral, Oporto y Minho. Esta zona disfruta de un clima suave atlántico, con precipitaciones abundantes durante todo el año, e inviernos y veranos suaves. En el paisaje estas condiciones climáticas se notan, y los bosques caducifolios ocupan las áreas más recónditas de las sierras que no han sido explotadas para la producción maderera. También praderas y pastos para el ganado abundan en el extremo septentrional del país.

Cultura y población

Portugal tiene una población que supera los diez millones y medio de habitantes. El portugués es afable, cuidadoso, amable, cortés y muy educado en la formalidad y el trato. La sociedad portuguesa presenta una estructura de clases algo más rígida que la española, en la que los privilegios de trato y distinción de personas ilustres aún no se han perdido, y el respeto por los adultos y personas mayores se pone de manifiesto en el trato personal.

▲ Praia do Camilo en el Algarve.

Ríos

El Duero (Douro) y el Tajo (Tejo), los principales ríos portugueses tienen sus cursos medio y alto en España. Oporto y Lisboa se sitúan en sus bocas. El Mondego, al norte de Lisboa, y el Sado, al sur, son los únicos grandes ríos que Portugal no comparte con su vecina España.

La **esencia** de **Portugal**

Portugal siempre ha mirado hacia el océano Atlántico, que le llevó al comercio lejano y a la explotación de colonias de ultramar, que determinaron su grandeza histórica y una presencia en el mundo de la cultura portuguesa inmensa comparada con su tamaño. Pero, Portugal sigue siendo un vecino bastante desconocido en España. Lo cierto es que quien decida descubrirlo se sorprenderá por la belleza y variedad de sus paisajes y ciudades, la armonía de sus localidades, sus monumentos y su historia. Es un destino que nunca defrauda, y que siempre deleita por su tipismo, fotogenia y poderosa cultura. Hermoso, bien cuidado, orgulloso de su pasado, que cuida con celo su rico legado monumental.

No hay que perderse

Estas son diez sugerencias para quienes viajan sin mucho tiempo, o visitan Portugal en una escapada corta, para vivir las experiencias más auténticas que definen y captan mejor su esencia y belleza.

❚ **Tome un tranvía amarillo** y recorra el casco antiguo de Lisboa como hace un siglo. Los distintos barrios, iglesias, palacios, calles y cuestas pasarán frente a sus ojos en uno de esos simpáticos carricoches que parecen sacados de un museo.

❚ **Disfrute de un mercado tradicional.** En Barcelos todos los jueves, se reúne uno de los mayores mercados al aire libre de Europa, donde podrá encontrar de todo. En el Algarve visite el mercado de Loulé, en donde comprar la mejor artesanía del sur del país bajo un ambiente moruno.

❚ **Reviva las proezas históricas lusas en Belém,** desde el Monumento a los Descubrimientos y la Torre de Belém hasta el Monasterio de los Jerónimos o el Palacio de Ajuda. Sienta la presencia de la historia de los descubridores portugueses del renacimiento.

❚ **Recorra el camino de ronda** de alguna de las ciudades amuralladas de Portugal. Reviva la historia medieval, imaginando contiendas mientras ve un paisaje que poco ha cambiado desde entonces. Las murallas de Braganza en el norte, Óbidos en Estremadura, Elvas en el Alentejo o de Silves en el Algarve son lugares perfectos para experimentar que la historia cobra vida bajo nuestros pies.

❚ **Juegue al golf, o realice deportes náuticos** en alguno de los mejores campos que existen en Europa, sobre todo en el Algarve. Practique surf en algunas de las playas más limpias y vírgenes que aún persisten en Europa.

▲ Tranvía turístico por las calles de la capital lisboeta.

◀ Playa en la costa del Algarve.

▼ Vista panorámica de la ciudad de Óbidos.

▲ *Rabelos* atracados frente al puente Dom Luís I.

❚ **Asista a un espectáculo folclórico de danzas típicas o de fado.** Visite alguno de los restaurantes del popular barrio de Alfama y emociónese, escuchando las bellas voces que cantan a la nostalgia, a la "saudade" portuguesa, en un estilo que recoge como ninguno el carácter contradictorio de alegría y tristeza.

❚ **Tómese unas sardinas asadas** sobre la arena de una playa portuguesa. A lo largo de la costa, numerosos pueblos de pescadores son hoy centros de veraneo que, sin embargo, conservan tradiciones y formas de vida de antaño. Podrá experimentarlo en Nazaré, en las Beiras, en Zambujeira do Mar, en el Alentejo, o hasta en la turística Albufeira, en el Algarve.

❚ **Paladee un excelente vino de Oporto** en alguna de las bodegas de Vila Nova de Gaia. Aprenda de su historia, tipología y elaboración, realizando una visita guiada a las bodegas Sandeman o Ferreira.

❚ **Llegue hasta la misma esquina de Europa.** Visite el Cabo de São Vicente, déjese cautivar por un paisaje desolado y ventoso, mientras disfruta de acantilados y horizontes oceánicos. O, si está en Lisboa, acérquese hasta el extremo occidental de la Europa continental ubicado en el Cabo da Roca.

❚ **Disfrute de los platos típicos populares** en una taberna portuguesa. Coma en alguno de los cientos de establecimientos esparcidos por todo Portugal que preparan bacalao en mil variedades y servido con abundantes guarniciones. Acompáñelo con *vinho verde*.

Breve historia de Portugal

7000-2000 a.C. Durante la Edad de Piedra y la Edad del Bronce los primeros pobladores construyen un gran número de dólmenes en una extensa franja de Portugal.

2000-1000 a.C. Nuevas invasiones de pueblos celtas se suceden, mezclándose con poblaciones de origen íbero.

200 a.C. Se inicia la conquista romana del territorio que hoy conocemos como Portugal, que coincide en gran parte con la provincia romana de Lusitania. Nombre dado a la principal tribu que controlaba el centro y el sur del país y de la Extremadura española.

100 d.C. El cristianismo inicia su expansión por tierras portuguesas.

409-585 d.C. Sucesivas oleadas de pueblos germánicos invaden la península. Los suevos se asientan en el norte de Portugal, creando un reino con capital en Braga que abarca Galicia. Más tarde, los visigodos reunifican la *Hispania* romana bajo su yugo desde Toledo.

711 Inicio de la rápida conquista árabe e islamización de la península Ibérica.

Hacia 800 Comienzo de la lenta y progresiva Reconquista cristiana. Oporto (868), Coímbra (878-955 y 1064).

1139 El condado Portucalense se independiza de Castilla-León bajo Afonso Henriques que derrota en el Campo de Ourique a las huestes árabes, iniciando así su proceso de expansión hacia el sur.

1179 Portugal es reconocido como reino por el Papa.

▼ Ruinas romanas de Évora.

▲ El famoso monumento a los descubridores en Lisboa.

1147 Conquista de Lisboa. Poco después, Lisboa se establece como la capital definitiva de Portugal y sede de su Corte, sucediendo a las ciudades de Guimarães y Coímbra.

1248 El rey Afonso III conquista el Algarve. La conquista de Faro sella el proceso de expansión peninsular y termina con los reinos musulmanes en territorio portugués.

1385 Conflictos dinásticos amenazan la independencia de Portugal respecto de Castilla. El ejército de Juan I de Castilla es derrotado en la batalla de Aljubarrota por las huestes del nuevo rey portugués João I, que funda la dinastía de la Casa Avis.

1386 El matrimonio de João I con Filipa de Lancaster sella el inicio de una duradera alianza con Inglaterra. Tratado de Windsor.

1415 Inicio de la expansión ultramarina. Conquista de Ceuta.

1419-1460 Enrique el Navegante, el Infante de Sagres, impulsa la navegación y nuevos descubrimientos con su nueva escuela en el Algarve. Expediciones organizadas por él descubren Madeira, las Azores y llegan hasta el Cabo Bojador.

1460-1498 La navegación de cabotaje portuguesa abre nuevas rutas por todo el África Occidental. Se dobla el Cabo de Buena Esperanza y en 1498, Vasco de Gama arriba a la India.

1500 Descubrimiento accidental del Brasil por Pedro Alvares Cabral.

1578 Fallece en campaña en el norte de Marruecos Sebastião I, rey de Portugal, que muere sin descendencia. Felipe II de España reclama sus derechos al trono.

1580-1640 Felipe II se proclama rey de Portugal y bajo su corona incluye el Imperio portugués respetando su lengua e independencia jurídica. Durante 60 años, los Austrias españoles gobernarán el más vasto imperio europeo de ultramar.

1640 Proclamación de João IV como rey de Portugal. El hasta entonces duque de Braganza funda una nueva dinastía que reinará hasta la abolición de la monarquía en 1910.

1668 España reconoce la plena independencia de Portugal en el Tratado de Lisboa.

1755 Un terremoto sacude el país afectando principalmente a su capital, que es totalmente reconstruida. Dirige las obras el primer ministro ilustrado, el marqués de Pombal.

1807-1811 Guerras Napoleónicas. Invasión francesa sucedida de las campañas angloportuguesas dirigidas por el duque de Wellington hasta la expulsión de su ejército. La Casa Real y la Corte se trasladan a Brasil. Río de Janeiro sustituye a Lisboa como capital y metrópoli.

1820 La llamada Revolución de Oporto fue un movimiento constitucionalista para instaurar un régimen liberal, ordenar el regreso del rey y restaurar la obediencia de las regiones a Lisboa. João VI regresa a Lisboa y deja a su hijo Pedro como príncipe regente de Brasil.

1822 Independencia de Brasil. Pedro I es proclamado emperador del Brasil.

1908 Asesinato del rey Carlos y su heredero.

1910 Manuel II es forzado abdicar. Se proclama la República portuguesa.

1914-1918 Portugal participa en la I Guerra Mundial en medio de una grave inestabilidad política.

1926 Golpe Militar. El ejército toma el poder.

1932 El ejército nombra primer ministro a Salazar, dictador que gobernará el país hasta 1968.

1968-1974 Salazar es sustituido por Marcelo Caetano tras su muerte en 1970. Los cambios políticos desembocan en la pacífica Revolución de los Claveles que restablece la democracia y otorga la independencia a las colonias africanas (Angola, Mozambique y Guinea-Bisáu). Importantes migraciones hacia la metrópoli.

1986 Portugal ingresa en la Comunidad Económica Europea.

1998 Conmemoración del V Centenario de la llegada de Vasco de Gama a la India. Celebración de la Expo Universal en Lisboa.

2002 Portugal accede a la Unión Monetaria del euro dentro de la Unión Europea.

2007 Durante la presidencia portuguesa de la UE, se firma el Tratado de Lisboa.

2010 Fallece el escritor José Saramago.

2011-2013 Crisis financiera. Portugal debe ser rescatada por fondos europeos.

2014 Se da por terminado el rescate y el país recupera poco a poco el control financiero.

2017 El cantante portugués Salvador Sobral gana el concurso de Eurovisión.

2024 Portugal celebra por todo lo alto el 50º aniversario de la Revolución de los Claveles.

▲ El puente 25 de abril visto desde la Torre de Belém.

Parques y reservas naturales

▌ Algunas páginas web de interés:

Instituto de Conservação da Natureza e das Florestas
www.icnf.pt

Reserva de la Biosfera Transfronteriza Gerês-Xurés
www.reservabiosfera geresxures.eu

Áreas protegidas de Portugal
www.myplanet.pt

Aves de Portugal
www.avesdeportugal.info

▌ Parque Natural del Sudoeste Alentejano y Costa Vicentina

Playas casi vírgenes de bellos paisajes, finos arenales encajados entre acantilados, más abiertas al viento atlántico y con aguas más frías.

▌ Parque Natural de la Ría Formosa

En la parte oriental del Algarve, desde Faro hasta Tavira, un largo cordón litoral de barras arenosas, protege una extensa zona de marismas, marjales, salinas y lagunas de gran riqueza ecológica. Los amantes de la ornitología pueden aquí encontrar un paraíso particular.

▌ Ría de Aveiro

Un estrecho brazo de mar comunica la extensa albufera de Aveiro con el Atlántico. La laguna se ramifica formando extensas marismas en las que se pueden encontrar gran variedad de especies de aves.

▌ Reserva Natural das islas Berlengas

Las únicas islas cercanas a la costa del país, se sitúan a unos 10 km de tierra firme frente al Cabo Carvoeiro, junto al puerto de Peniche (con barcos de junio a septiembre). El pequeño archipiélago de origen granítico, está compuesto por la isla Berlenga Grande y un conjunto de islotes adyacentes.

▌ Parque Natural de Montesinho

En el extremo nordeste del país, al norte de Braganza, las montañas más remotas de Portugal, conservan todo el aspecto agreste original repletas de tojos y pedregales. Los bosques de castaños mandan y la fauna abunda. No solo liebres, también jabalíes, aves de presa como águilas reales y los temibles lobos.

▌ Parque Nacional Peneda-Gerês

Es el único parque nacional de Portugal (▶26). Junto con el parque natural de Baixa Limia-Serra do Xurés, situado en la provincia de Orense, integra la Reserva de la Biosfera Transfronteriza Gerês-Xurés.

▶ Fortaleza en las Islas Berlengas.

Personajes famosos

▌Vasco de Gama (s. xv)

Nacido en Sines (1460), ingresó muy joven en la Escuela de Navegantes fundada por Enrique el Navegante. Ya como experimentado almirante de la marina portuguesa, en 1497 es elegido para liderar la más importante de las empresas hasta el momento realizada: abrir una ruta comercial marítima con la India. Zarpó de los muelles de Belém llegando el 18 de mayo de 1498 a Calcuta, y regresando tras muchas penalidades a Lisboa. La hazaña constituye uno de los más gloriosos capítulos de la historia portuguesa y del mundo occidental, inaugurando el comercio marítimo transcontinental y la expansión mundial europea.

▌Manuel I El Afortunado (s. xvi)

Rey de Portugal, apodado El Afortunado por los grandes acontecimientos acaecidos durante su reinado; se dobló el Cabo de Buena Esperanza, se alcanzó la India, se descubrió Brasil y se sentaron las bases para la expansión ultramarina del Imperio Portugués. Por todo Portugal se construyeron iglesias y edificios, costeados con las riquezas aportadas por el próspero comercio ultramarino, en un estilo propio e inconfundible que lleva su nombre, el "Manuelino"; considerado por muchos como el estilo nacional portugués.

▌Marqués de Pombal (s. xviii)

Fue el primer ministro del rey Jose I (1750-1777), que lideró la reconstrucción de Lisboa tras el devastador terremoto, modernizó el Estado con sus ideas ilustradas y realizó un gran número de reformas en la administración pública del estado y las colonias portuguesas.

▲ Arriba, retrato de Vasco de Gama. Abajo, escultura de Fernando Pessoa en el café *A Brasileira* en Lisboa.

▌Fernando Pessoa (1888-1935)

Nacido en Lisboa, es uno de los mayores poetas y autores en lengua portuguesa. Este periodista, traductor y publicista, se dedicó a la literatura a través de distintos heterónimos que le permitieron adoptar diversos estilos, narrar diferentes historias y relatar sentimientos con maestría. Es una de las figuras literarias más destacadas de la literatura europea de principios del siglo xx.

▌José Saramago (1922-2010)

Quizá el más famoso de los escritores contemporáneos portugueses. Falleció a los 87 años con una extensa colección de títulos y premios –entre ellos, el Nobel de Literatura en 1998– acumulados por una prolífica obra literaria de novela, poesía, etc. Sentimentalmente muy ligado a España y defensor de la unificación de los pueblos ibéricos, falleció en Tías (Lanzarote). Sus cenizas reposan en Lisboa, frente a su Fundación.

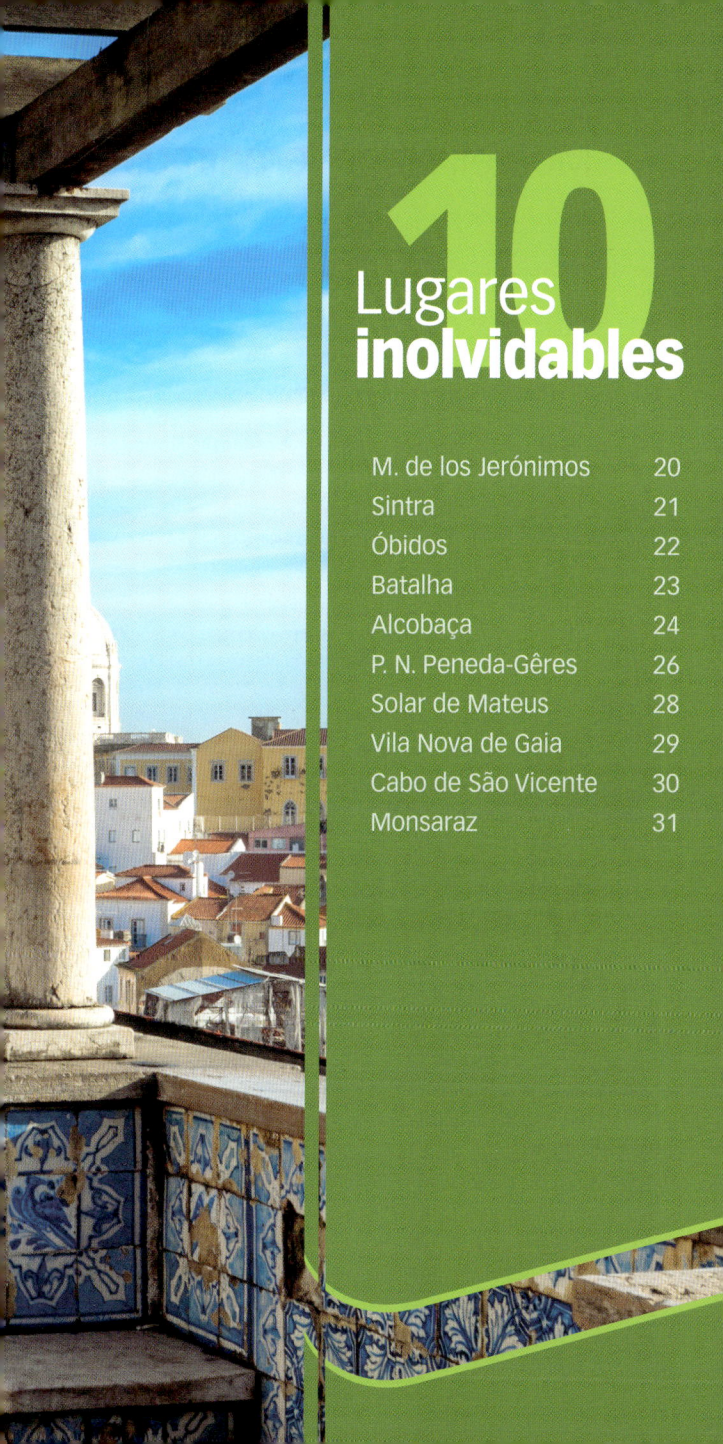

10 Lugares inolvidables

Mosteiro dos Jerónimos

La perla de la arquitectura manuelina, mandado edificar por Enrique el Navegante, fue consagrado el año de su muerte (1460), completado y decorado más tarde por Manuel I para conmemorar la llegada de Vasco de Gama a la India (1498) y la apertura de las rutas comerciales con Asia.

El estilo manuelino es un gótico tardío, de época renacentista, propiamente portugués, que se caracteriza por la profusa decoración de motivos marineros, influenciados por los descubrimientos. Abundan los nudos marineros, los animales exóticos, y la esfera armilar, un instrumento de navegación para la expansión portuguesa, del que el rey Manuel I hizo su símbolo. El monasterio se levantó en el lugar de una antigua capilla dedicada a los marineros. Situada entonces junto a la orilla del Tajo, en los embarcaderos desde los cuales partían gran número de expediciones. Su fachada sur, orientada hacia el río, posee un espléndido pórtico decorado con esculturas. La estatua de Enrique el Navegante preside la entrada.

El **pórtico occidental** alberga las estatuas del rey, Dom Manuel y su esposa Dona María, cuarta hija de los Reyes Católicos. El interior es sobrecogedor. La nave central sorprende por su amplitud, por su ligereza y luminosidad. Seis esbeltas columnas torsas en forma de palmera sostienen un techo abovedado en abanicos. La sala es además panteón de varios reyes, y de dos de los personajes más ilustres para el alma nacional portuguesa, el gran explorador Vasco de Gama, y el literato más afamado, autor del poema épico *Os Lusíadas,* Luis de Camões.

El **claustro** está dispuesto en dos pisos, y también está lujosamente decorado. Las ventanas que se abren a la luz central presentan decoraciones flamígeras, y por todo el recinto se asoman animales fantásticos o personajes camuflados entre la vegetación. Desde 1983, es Patrimonio de la humanidad por la UNESCO. El claustro alberga el túmulo del poeta portugués más importante del siglos xx, Fernando Pessoa.

Info

✉ En el barrio de Belém, unos 10 km al O del centro de Lisboa

🕐 M-D: May-Sep: 9.30-18 h y Oct-Abr: 10-17.30 h

🌐 www.museusemonumentos.pt

🚌 727, 728, 729, 714 y 751

🚊 Tranvía 15

⛴ Ferri a Trafaria cruzando el estuario

💳 La entrada, combinada con otros monumentos, resulta más económica.

▍Los Jerónimos

La orden de los Jerónimos, que se encargaba de cuidar el monasterio, estuvo ligada a la Casa Real, tanto aquí como también en España. Los Jerónimos regentaron espacios dedicados al culto real, como las capillas de sus palacios, sitios destinados a ser panteones reales o lugares de descanso como en la Serra de Sintra.

▼ El patio y la fachada exterior del monasterio.

Sintra

Situado en las faldas de la sierra del mismo nombre, y escondido entre frondosas vegas de árboles centenarios, Sintra es un encantador pueblecito en el que han encontrado refugio e inspiración reyes, poetas, artistas, músicos…

Desde hace más de 600 años, en el centro del pueblo se alza el Palacio Real. Frente a él un laberinto de pequeñas calles empedradas se agolpan contra la montaña, que corona el castillo. El antiguo **Palacio Real** lo utilizaban los monarcas portugueses como residencia veraniega para escapar de los rigores del calor estival. Fue mandado construir por Juan I en el siglo XIV, y ampliado por Manuel I en el siglo XVI. El enorme par de torres cilíndricas que se divisan desde el exterior son las chimeneas de las cocinas. El interior ofrece una gran variedad de salas de distintos estilos, como la **sala de las Urracas**, con 136 urracas pintadas en el techo que representan a las damas de la Corte.

Desde el pueblo, un sendero asciende rápidamente hasta el **Castelo dos Mouros**, construido en el siglos VIII y IX bajo la dominación árabe. Se conserva un extenso perímetro de murallas que se pueden recorrer a pie. Desde lo alto se domina un extenso panorama de los valles circundantes, y se ven estupendas vistas de Sintra y su Palacio Real.

Encaramado en lo alto de una de las cumbres de la Serra de Sintra, está el **Palacio da Pena**, construido en el siglos XIX por Fernando de Sajonia-Coburgo rey consorte de Maria II. De estilo ecléctico y vivos colores, recuerda a los castillos de Luis II de Baviera, aunque les preceda en tres décadas. En su interior se pueden ver los vestigios del convento de los Jerónimos sobre el que se edificó, un claustro manuelino, y las dependencias amuebladas al gusto de la época, con tapices, mobiliario y abundante decoración. La visita al parque también es recomendable.

2

Info

- ✉ 35 km al NO de Lisboa y 10 km al E del Cabo da Roca
- 🚌 Autobuses frecuentes desde Lisboa. El 434 permite desplazarse desde el centro de la villa al Palacio da Pena y el Castelo dos Mouros.
- 🛈 Oficina de turismo: Praça da República, 23 ☎ 219 231 157
- 🕐 Se recomienda consultar todos los horarios en la web.
- 🌐 www.parquesdesintra.pt

◄ El Palacio da Pena está emplazado sobre la sierra del mismo nombre.

▼ Detalles decorativos del Palacio.

Óbidos

Uno de los pueblos más bellos de Portugal, que ha conservado todo su encanto medieval y carácter tradicional.

▶ Murallas y casco histórico de la ciudad Óbidos.

Info

✉ 85 km al N de Lisboa y unos 20 km al interior de la costa
🚌 Autobús diario desde Lisboa. Parada en Porta da Vila
ℹ Oficina de turismo: Rua Direita (junto al aparcamiento a la entrada del pueblo)
☎ 262 959 231
🖥 www.obidos.pt

▮ **Villa literaria**

Desde 2013, Óbidos puede presumir de ser la primera villa del libro de Portugal. Además de ostentar varias librerías de novedades y de segunda mano, en octubre organiza el Festival Literario Internacional de Óbidos-FÓLIO.

Rodeado de un recinto completo de murallas de 14 m de altura, Óbidos es un excelente conjunto de arquitectura tradicional portuguesa en el que no falta de nada. Calles de casas encaladas con detalles en vivos colores, plazas presididas por iglesias, y un castillo medieval en lo más alto, hoy convertido en flamante Pousada. En un emplazamiento natural de colinas y suaves paisajes, a corta distancia del mar, Óbidos era una plaza estratégica que contaba con un puerto en la baja Edad Media. El pequeño golfo a través del cual se comunicaba con mar abierto fue colmatándose poco a poco, favoreciendo el letargo de la villa y ayudando a preservarla con todo su encanto medieval.

La visita de este precioso pueblo comienza atravesando sus murallas por la **Porta da Vila**. Unas escaleras suben, según se franquean sus puertas, hasta lo alto de las murallas. Se puede recorrer todo el camino de ronda de las murallas que rodean Óbidos. Un paseo completo puede durar una hora. Se podrá disfrutar de bellas vistas del pueblo y del precioso paisaje de los alrededores. Cualquiera de las calles, repletas de talleres de artesanía, invita a caminar sin rumbo descubriendo los distintos rincones. Más o menos, en medio del pueblo, aparece la **Praça de Santa Maria,** donde se levanta un bello *Pelourinho* (picota). Frente a él, se alza la portada renacentista de la **iglesia** parroquial. El templo fue testigo de bodas regias (Alfonso V e Isabel de Coímbra).

Fuera de las murallas se encuentra el **Santuário do Senhor da Pedra,** edificado en 1740 con una curiosa planta hexagonal para venerar la primitiva cruz de piedra (siglos II) que se traslada hasta Santa María de Nazaré cada 8 de septiembre.

Batalha

El Monasterio de Santa Maria da Vitória, que fue declarado Patrimonio de la humanidad por la UNESCO en 1983, es la joya arquitectónica del gótico mundial y todo un símbolo nacional de la independencia frente a Castilla. Conmemora el triunfo portugués en la *Batalha* de Aljubarrota en 1385.

En 1383 la muerte de Fernando I, último rey de la Casa de Borgoña, inicia un conflicto dinástico. Juan I de Castilla reclama el trono de Portugal pero los nobles locales apoyan a João I y lo coronan. Ante la invasión castellana, João I realiza una promesa a la Virgen, de construir un monasterio, si logra vencer. El 14 de agosto de 1385 en la meseta de Aljubarrota (15 km al sur de Batalha) tuvo lugar la batalla. La victoria cayó del lado del bando portugués, y significó la definitiva independencia de Castilla y la instauración de la nueva dinastía de Avis.

Tres años después de la batalla, en cumplimiento de la promesa, se inicia la construcción de la abadía. Las obras se alargarían hasta 1438, y una segunda fase sería acometida bajo el reinado de Alfonso V (1438-1481). El resultado es un bello conjunto monástico en piedra color miel con abundancia decorativa en forma de pináculos, chapiteles, cresterías y arbotantes. La **iglesia** tiene grandes dimensiones, con una nave central que se eleva 32 m y 80 m de longitud.

A los pies de la nave lateral, en la **Capela do Fundador** están enterrados João I y su esposa Filipa de Lancaster. Sus sepulcros están esculpidos en piedra con los blasones de ambas casas reales.

Posee dos claustros, el primero y más antiguo, el **Claustro Real** es de estilo gótico y manuelino, de gran belleza y armonía. El segundo es posterior y algo más pequeño, el **Claustro de Alfonso V** fue construido bajo su reinado.

La **Sala Capitular**, a la que se accede desde el Claustro Real, alberga bajo su virtuosa bóveda cuadrada de 20 m de lado, la tumba del soldado desconocido muerto durante la Primera Guerra Mundial y en las guerras africanas.

En el exterior del conjunto llaman la atención las denominadas **Capelas Imperfeitas** (capillas inacabadas), iniciadas con el propósito de llegar a ser un gran panteón real, pero abandonadas a favor del Mosteiro dos Jerónimos en Lisboa. La portada del octógono que lo separa de la iglesia es una verdadera obra de arte del estilo gótico y manuelino.

Info

- 11 km al S de Leiria
- Diario, 1 de Abr-15 de Oct: 9-18.30 h. 16 de Oct-31 de Mar, hasta las 18 h
- www.mosteirodabatalha.gov.pt
- Autobuses a Leiria y Alcobaça. También a Lisboa. Parada en Largo da Misericórdia
- Oficina de turismo: Praça Mouzinho de Alburquerque
- 244 769 877
- Moderado. Gratis: Primer domingo de mes

▼ Distintos detalles del Monasterio de Batalha.

Alcobaça

5

La Real Abadía de Santa Maria de Alcobaça fue también el resultado de una promesa hecha a Dios por un monarca antes de una batalla crucial. En este caso el primer rey de Portugal, Alfonso I, y la ocasión se dio en la reconquista de Santarém en 1147.

Info

- ⊠ 20 km al S de Batalha
- ◉ Diario, Abr-Sep 9-19 h y Oct-Mar 9-18 h
- ◖ www.mosteiroalcobaca.gov.pt
- ▣ Autobuses desde Lisboa (2 h) y Leiria (45 min)
- ❶ Oficina de turismo: Rua Araújo Guimarães, 28
  - ☎ 924 032 615
- ✉ Moderado

Alfonso I entregó la abadía y su gran alfoz a la orden del Císter en 1153, encargándole la explotación y aprovechamiento del territorio, así como su repoblación. Su construcción empezó en 1178 pero solo finalizó en 1253, cuando por fin desapareció el peligro sarraceno. Pronto cobró gran importancia y poder, y su abad se convirtió en uno de los personajes más influyentes del Reino.

El conjunto se edificó junto a la confluencia de los ríos Alcoa y Baça. El estilo de la construcción es el habitual en las construcciones cistercienses, románico de transición al gótico, sobrio y exento de decoraciones superfluas, huyendo de los lujos. Sin embargo, sus dimensiones son grandiosas, y sus espacios desnudos logran crear la sensación de armonía y espiritualidad.

La iglesia es el templo más grande de Portugal. Su nave central está cubierta de bóvedas de crucería, y las laterales son casi tan altas como la principal. En el crucero, descansan dos bellos sepulcros exquisitamente labrados en piedra caliza: a la derecha la **tumba de**

Pedro I, que narra la vida de San Bartolomé en sus laterales, y en el ala izquierda, la de su amante **Inês de Castro,** que narra la vida de Cristo. Ambos están decorados con los blasones familiares.

Pedro I e Inês de Castro protagonizaron uno de los romances más famosos de la historia portuguesa. Pedro, hijo de Alfonso I, eligió a esta bella dama de corte de familia noble gallega. Su padre temía que la influencia foránea de la poderosa familia a la que pertenecía pudiera poner en riesgo la independencia recién obtenida del nuevo reino. Por ello, primero le prohibió acercarse a ella, después procuró su separación y ante lo inútil de sus esfuerzos conjuró con otros nobles un plan para matarla. La bella Inês murió asesinada, y Alfonso I poco después. Siendo embestido nuevo Rey, Pedro ajusticó a los traidores, embalsamó a su amada, la vistió de gala, la coronó estando ya muerta y obligó a todos los nobles a rendirle pleitesía como Reina.

Otras dependencias abaciales son el **Claustro do Silêncio,** hermoso ejemplo de recogimiento y sencillez, que consta de dos plantas, la segunda añadida en el siglo XVI. La **Sala de los Monjes** era el dormitorio común y tiene 60 m de largo. Las cocinas, ampliamente reformadas en el siglo XVIII, están dotadas de enormes chimeneas y agua corriente canalizada directamente del río Alcoa. Y el refectorio es hermoso con el característico púlpito excavado en una de sus paredes.

▲ El monasterio de Alcobaça es la primera obra gótica erigida en suelo portugués. Sobre estas líneas, su fachada principal.

◄ Claustro del patio del monasterio.

El P.N. Peneda-Gerês

6

Es la única zona protegida de Portugal que ha obtenido el rango de Parque Nacional. Su superficie abarca unos 700 km de sierras agrestes y abruptas, que atesoran una gran diversidad de fauna y flora, e imprimen una gran belleza paisajística. Desde 1971, fecha de su creación, el parque resiste a los frecuentes incendios que lo azotan.

Info

- El Parque se sitúa en el extremo septentrional del país junto a la frontera española limítrofe con las provincias de Ourense y Pontevedra. Acceso al Parque por Arcos de Valdevez; 60 km al N de Braga, 100 km al N de Oporto
- www.icnf.pt
- Oficina de turismo:
  Arcos de Valdevez:
  Rua Prof. Mário Júlio Costa
  258 520 530
  Ponte da Barca:
  Rua Conselheiro Rocha Peixoto 9
  258 455 246
- Espigueiros en Lindoso, Santuario Nossa Senhora de Peneda, Calzada Romana de Geira, Miradouro de Junceda, Centro de Interpretación de la naturaleza de Mezio

Situado junto a la frontera con el interior de Galicia, abarca las sierras de Peneda y Gerês, que demarcan los valles de los ríos Lima (Limia en castellano), homem y Cavaco.

El parque acoge pequeñas aldeas de arquitectura tradicional, pueblos en granito con castillos y *espigueiros* (hórreos) para guardar el grano. Invita a explorar los paisajes de montaña y pedrizas que encajonan lagos de gran belleza y, por supuesto, la posibilidad de realizar múltiples actividades al aire libre como senderismo, montañismo, barrancos, BTT, etc.

Se divide en dos partes. Al norte, la Serra de Peneda, se accede por Arcos de Valdevez, presidido por una iglesia de torres gemelas. Desde aquí tomando la N202 llegaremos a **Mezio,** donde se sitúa la entrada del parque. Hay un centro de interpretación de la naturaleza en el que proporcionan planos de senderos e información sobre visitas y actividades.

No hay que perderse el conjunto de *espigueiros* en la aldea de **Soajo,** o el **Santuario de Nossa Senhora de Peneda** enmarcado en un paisaje de berrocales y peñas de granito en medio de bosques de pinos, al que se llega por una escalinata de 300 peldaños. Cada año en septiembre se celebra una peregrinación de gran devoción popular.

La segunda parte queda al sur y se llega mejor cruzando la frontera y atravesando tierras de la provincia de Ourense. Se entra en España por el valle del Limia, desde Lindoso, pueblo fronterizo que también cuenta con un conjunto de *espiqueiros* junto al vistoso castillo. A 12 km un desvío indica la ruta OU-312 en dirección al puerto de montaña de Portela do Homem.

Cuando se desciende a la derecha sale al encuentro el acceso a **Geira,** con vestigios de la antigua calzada romana que unía Braga con Astorga escondidos entre bosques. Se conservan algunos miliarios con inscripciones. Pocos kilómetros más adelante se llega a Campo de Gerês, desde donde se inician rutas enmarcadas en el paisaje del embalse de Caniçada, o para visitar el Miradouro de Junceda para tener las mejores vistas del valle del homem.

▶ Vista aérea del embalse del Parque Nacional de Peneda-Gerês, al noroeste de Portugal.

Solar de Mateus

7

Un buen ejemplo de palacio barroco portugués, el Solar de Mateus es una bellísima construcción del siglo XVIII, en la que el tesoro no es solo la arquitectura, sino la colección de salas, muebles, artes decorativas y esculturas que atesora.

Apenas 4 km al este de Vila Real, se encuentra una pequeña aldea, cuyo nombre se ha hecho famoso en todo el mundo por un vino rosado y espumoso, tan particular como la casa solariega que aparece en sus etiquetas, la mansión de los condes de Vila Real. La mansión fue levantada durante la primera mitad del siglo XVIII. Desde los inicios hasta nuestros días la familia ha tenido una especial dedicación al cultivo de viñedos y elaboración de vinos. Praderas pobladas por grandes cedros, parterres y una zona de setos de boj componen los jardines que rodean la propiedad.

▼ Palacio Mateus en Vila Real, donde se produce el famoso vino de Solar de Mateus.

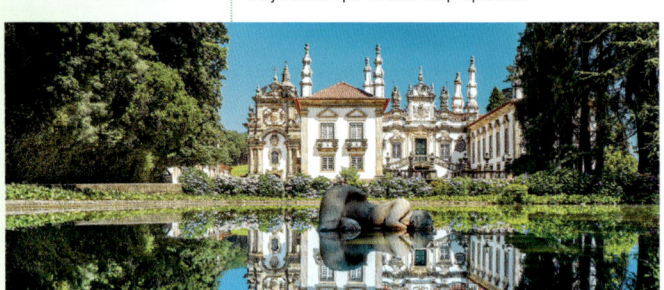

Info

- 📧 100 km al E de Oporto, 3 km a las afueras (E) de Vila Real
- 🌐 www.casademateus.com
- ℹ️ Oficina de turismo: Avenida de Carvalho Araújo, 94
- ☎ 259 308 170 Vila Real
- 🗓 Se puede realizar una visita guiada al interior de la casa, la capilla y los jardines o visitar solo los jardines. También es posible conocer las bodegas y disfrutar de una cata de vinos.
- 🕐 9-18 h

La fachada de armoniosas proporciones está precedida de un estanque decorado por una escultura contemporánea que produce un hermoso contraste. Un **patio de armas** adornado con balaustrada hace las veces de entrada noble. Los tejados adornados con pináculos presentan la caída a cuatro aguas característica de la arquitectura tradicional portuguesa. El interior posee dos salas provistas de techos de madera tallada, el **gran salón**, y la **biblioteca**, que guarda valiosos volúmenes. Los muebles de toda la planta noble son de procedencia diversa: españoles, portugueses, chinos y franceses. Una excelente colección en la que poder comparar estilos dieciochescos. El piso superior expone colecciones de abanicos, esculturas religiosas (un valioso Cristo de marfil del siglo XVI está entre sus piezas) y atuendos litúrgicos. La visita al palacio permite imaginar perfectamente cómo era la vida de una familia noble en el Portugal de antaño, en un entorno encantador ligado a una de las marcas de vino más conocidas de Portugal.

Vila Nova de Gaia

Una de las actividades más apasionantes que se pueden realizar en Oporto es visitar una de las múltiples bodegas históricas donde se almacena, prepara y embotella el vino más famoso de Portugal desde hace siglos.

Muchas bodegas ofrecen visitas guiadas con catas de vino. Tan solo hay que presentarse dentro de los horarios establecidos. Aquí podremos aprender todo sobre el *Porto*.

Situadas frente a la ciudad de Oporto, al otro lado del Duero, las bodegas se agolpan como si de un anfiteatro se tratara junto a los muelles del río que servían como vía de transporte y con los viñedos situados cuenca arriba. Cada bodega anuncia su nombre con grandes letras sobre los tejados de los largos edificios, que protegen las extensas salas en las que se almacenan miles de barricas. Preciados caldos que se elaboran con cuidado y esmero, y se introducen en toneles de madera. El tiempo hace el resto y el envejecimiento de los distintos tipos de vinos procuran un sabor, cuerpo y aroma inconfundible a este vino de prestigio mundial.

Los *rabelos* son las embarcaciones tradicionales a vela que transportaban el vino desde el alto Duero, y que aún se despliegan frente a los muelles. Algunas están habilitadas para paseos turísticos.

8

Info

◎ Visita y degustación en las bodegas de Vila Nova: en verano suelen abrir a las 10 h y cerrar a las 18-19 h. En invierno los horarios son más reducidos. Las más grandes abren todos los días

📱 www.ivdp.pt

🚉 Un taxi fluvial une las dos orillas por 3,5 €
La línea D (amarilla) del metro une el centro de Oporto con la parte alta de Vila Nova de Gaia

ℹ Oficina de turismo: Avenida Diogo Leite, 135
☎ 223 724 422

▼ Orillas del Douro en Vila Nova de Gaia.

Cabo de São Vicente

9

Pocas puestas de sol se comparan a las que se ven un día despejado en este rincón de Europa. La luz del atardecer añade encanto a un sitio ya mágico de por sí.

Info

✉ 6 km al O de Sagres, extremo SO del Portugal continental
🚌 Autobuses desde Sagres

Recorrer los 6 km de carretera que separan Sagres de la punta sudoeste de Europa continental es tener la sensación de viajar hacia el fin del mundo. La meseta, elevada unos 70 m sobre el mar y azotada por vientos constantes que hacen que la temperatura media baje unos cinco grados con respecto al resto de la costa. El salitre y la pobreza de los suelos no permiten más que una vegetación pobre y arbustiva que añade espectacularidad al paisaje.

Poco antes de llegar al extremo, a mano izquierda, sobre un acantilado vigilando el cabo, se distingue la antigua **Fortaleza de Beliche** (siglos XVII-XVIII). Al fondo, otra fortaleza convertida en faro señala la meta y el término de la calzada. Los destellos de su luz se pueden ver hasta 100 km mar adentro, y para muchos navegantes fue el primer atisbo de tierra europea en el retorno de sus periplos oceánicos.

Las leyendas populares siempre consideraron sagrado este promontorio. En tiempos de los romanos, el lugar era denominado *Promontorium Sacrum,* y en su extremo se erigía un templo. Estas tierras fueron cristianizadas a partir del siglos IV, cuando el supuesto hallazgo del cuerpo de San Vicente dio el nombre actual al lugar, y se convirtió en santo de devoción nacional. Pasear por los alrededores y asomarse a los altos acantilados es todo un espectáculo. Es un paraíso ornitológico por el gran número de especies de aves que utilizan estas rocas para nidificar o como paso en sus migraciones hacia África.

▶ El faro del Cabo de São Vicente, abriéndose al mar.

Monsaraz

Aupado en un extraordinario emplazamiento sobre un alto otero que vigila el embalse de Alqueva. Monsaraz es un precioso pueblo fortificado de frontera, que se paró en el tiempo cuando su función defensiva dejó de ser importante y gran parte de su población se trasladó al llano. Gracias a ello se ha conservado intacto e impecable.

10

▲ Arriba, ventana por el que se divisa el embalse de Alqueva. A la izda., el fortificado pueblo de Monsaraz.

Habitado por romanos, visigodos y árabes, fueron las disputas cristianas entre reyes de Castilla y Portugal las que le otorgaron importancia y nombre. En el siglos XIV, el rey portugués Dinis I la rodeó de murallas. Intramuros, las calles resultan demasiado estrechas para los coches. El tráfico se queda fuera del recinto, y dentro el sosiego aumenta el encanto.

La **Rua Direita** es la vía principal. Está flanqueada de casas escrupulosamente encaladas que lucen escudos de armas de familias nobles que habitaron la villa durante los siglos XVI-XVII. De los edificios destacados, hay que mencionar el **Tribunal de Paços do Concelho**, que albergaba una prestigiosa institución que impartía justicia, en la que se pueden admirar unos interesantes frescos del siglos XV que representan las buena y la mala justicia, de un lado el demonio impío, y del otro, presidiendo, el Cristo justiciero. La **Igreja Matriz** merece también nuestra atención, por ser un sencillo pero hermoso ejemplo de iglesia parroquial portuguesa. Y como colofón, el **Castillo,** con una preciosa torre del homenaje pentagonal que junto con lienzos de la muralla encierra un recinto taurino popular. Las vistas desde lo alto del castillo son excepcionales. Hacia el oeste se distingue la inmensidad de la meseta alentejana, y en días muy claros el horizonte puede llegar hasta la costa; hacia el oeste y el sur, las rugosidades de Extremadura, el serpeante Guadiana y el impresionante **embalse de Alqueva.**

Info

✉ 55 km al SE de Évora. Ir por la IP2 y la N256, pasar por Reguengos de Monsaraz y 11 km después tomar la M514 También se puede tomar directamente la M514 desde Reguengos y parar en São Pedro do Corval, famosa por el gran número alfareros que venden sus obras

🚌 Autobuses diarios desde Évora (45 min)

ℹ Oficina de turismo: Rua Direita, 22

☎ 266 508 177

La
visita

Oporto y el **norte** de **Portugal**

El norte es la cuna de la nación portuguesa, de su lengua, cultura, historia y hasta de su nombre. No en vano, Braganza fue el primer bastión del *Condado Portucalense* independiente de León con Enrique de Borgoña; Guimarães, la primera capital del Reino en el siglo XII, y Oporto (el *Portus Cale* romano, "el puerto" si lo traducimos literalmente al castellano) fue el que dio nombre al territorio, otrora condado y después reino. El extremo norte está ocupado por verdes colinas de pastos, delimitados por el Miño. Siempre montañosos, los paisajes se suceden entre bosques de pinos y eucaliptos. El valle del Duero ofrece un espectáculo de terrazas cultivadas por viñedos soleados, y las frías llanuras altas de Trás-os-Montes, quintaesencia del carácter portugués.

▍Porto (Oporto)

◀ Iglesia y Torre de los Clérigos .

La segunda ciudad del país es un polo de desarrollo económico de primer orden, y su segundo centro industrial. Oporto ha sufrido una auténtica transformación en los últimos años, un profundo lavado de cara que ha redescubierto los encantos de los barrios populares, potenciando su imagen cultural y atractivos turísticos.

Visitar la ciudad supone hoy por hoy una agradable experiencia, en la que poder complacer todos los sentidos descubriendo sus secretos: el arte, la arquitectura, la vida costumbrista y, por supuesto, el omnipresente vino. El centro de la ciudad se asienta en el encajonado cauce del río Douro (Duero) unos kilómetros antes de su desembocadura en el océano Atlántico. El barrio de Ribeira con sus casas de colores apiñadas en las faldas de las colinas que descienden desde la Sé es el corazón tradicional de una ciudad ligada históricamente a su puerto fluviomarítimo.

LO QUE HAY QUE VER EN OPORTO

▍PRAÇA DA LIBERDADE ✳

◍ 39, C3

La Praça da Liberdade hace las veces de avenida central y plaza mayor. Ligeramente en cuesta, su perspectiva queda cerrada por el edificio del Ayuntamiento. A su alrededor se despliegan una serie de calles comerciales, verdadero corazón de la activa y laboriosa ciudad. Hacia el sur quedan la estación de ferrocarril de São Bento y los muelles del puerto fluvial. Al oeste los barrios de la expansión histórica de Oporto, de los que a continuación describimos los puntos de interés turístico más importantes.

▼ Las coloreadas casas de Oporto a orillas del Douro.

· · · · · · · · · ·
39, B3
9-19 h
www.torredosclerigos.pt
Barato. Iglesia: gratis

I TORRE DOS CLÉRIGOS   ✳✳✳

La Rua dos Clérigos inicia su ascensión a la colina homónima desde la Praça da Liberdade. El campanario de la **Igreja dos Clérigos** (1745) es el mejor mirador de la ciudad de Oporto. La torre barroca desafía la gravedad al estar construida en lo más alto de una de las colinas del centro de la ciudad, y con 76 m de altura es una plataforma de vértigo con vistas extraordinarias. Hay que superar los 225 escalones para llegar hasta su cima.

· · · · · · · · · ·
39, B3
Según horarios comerciales.
Continúa siendo una librería
muy popular.
Debido a la gran afluencia
se ha pasado a cobrar una
entrada reembolsable en libros

I LIVRARIA LELLO E IRMÃO   ✳✳✳

Al lado opuesto del mercado dos Clérigos, en la Rua das Carmelitas, se esconde esta librería modernista con fachada inspirada en los arcos ojivales. La escalera interior es el elemento más extraordinario del interior, pero toda ella merece una visita pausada. Fue construida en 1881, y aún hoy sigue ofreciendo los últimos títulos editoriales.

· · · · · · · · · ·
38, B2
Praça de Gomes Teixeira

I FONTE DOS LEÕES   ✳

Esta decorativa fuente preside una plaza a la que se asoman edificios nobles. De un lado el palacio de corte neoclásico que aloja la Facultad de Ciencias de la Universidad de Oporto, y en otro de los lados, dos iglesias contiguas, ambas son barrocas, la **Igreja do Carmo** y la **Igreja das Carmelitas,** esta última decorada en su muro externo con hermosos paneles de azulejos típicos (1912).

Unos pasos más al norte la **Praça de Carlos Alberto** es otro rincón con encanto.

· · · · · · · · · ·
38, B2
Palácio Carrancas -
Rua D. Manuel II, 44
M-D: 10-18 h
www.museusoaresdosreis.
gov.pt
Moderado

I MUSEU DE SOARES DOS REIS   ✳

Este palacio neoclásico (siglo XVIII) perteneció a una de las familias más poderosas de Oporto –Moraes e Castro–. Fue el primer museo de arte público del país con colecciones de arte portugués de los siglos XIX y XX.

I PALÁCIO DA BOLSA   ✳✳

El suntuoso palacio de la Bolsa, es una obra del siglo XIX realizada para albergar las sedes de los poderes más emblemáticos de la ciudad: El Consejo de la Ciudad, el palacio de Justicia y la Bolsa.

· · · · · · · · · ·
38, C2
Rua Ferreira Borges
www.palaciodabolsa.com
9-18.30 h
Moderado

Realizado en granito y mármol, sus dimensiones y calidades constatan la pujanza económica de una ciudad que impulsada por su comercio ultramarino se desarrolló y enriqueció rápidamente a finales del siglo XIX.

En la visita guiada se pueden ver las distintas dependencias, desde el grandioso vestíbulo, al salón principal y el magnífico **salón Árabe,** decorado con bellas vidrieras y mocárabes (estucos de colores de estilo morisco que cuelgan de las bóvedas) que imitan los de la Alhambra de Granada.

IGREJA DE SÃO FRANCISCO ★★★

Es para muchos la iglesia más bonita de la ciudad, y una de las más profusamente decoradas del mundo. De suelo a techos, sus adornos en pan de oro cubren casi la totalidad de las superficies, en retablos, cuadros y altares. Se dice que hay más de 400 kg de oro puro distribuidos por todo el interior.

C2
Rua do Infante Dom henrique
Nov-mar, jun y oct: 9-19 h y jul-sep: 9-20 h
www.ordemsaofrancisco.pt/museu.php
Barato

SÉ (CATEDRAL) ★★

Iniciada su construcción cuando aún estaba situada en territorios fronterizos, las necesidades impusieron un estilo románico austero y fortificado. Contrasta sin embargo el interior, totalmente transformado y decorado en estilo barroco sin demasiada armonía en los siglos XVII y XVIII. El bello rosetón románico-gótico de la fachada es la principal iluminación natural del templo. El claustro está alicatado con azulejos típicos portugueses del siglo XVIII.

▲ Claustro de la catedral y Ponte Dom Luís I.

39, C3
Terreiro da Sé
Para saber más sobre los horarios se recomienda consultar visitporto.travel
Iglesia: gratis; Claustros: económico

CAIS DA RIBEIRA ★★★

Es el barrio más pintoresco de la ciudad. Casas antiguas, a veces alicatadas de calzada a tejado, se agrupan en torno a los muelles del puerto fluvial. Enfrente el río y el barrio bodeguero de Vila Nova de Gaia. La zona, antaño degradada, ha sido felizmente recuperada, y hoy ofrece un aspecto atractivo y lleno de vida, con muchas terrazas, restaurantes, bares y tiendas de recuerdos.

39, C3

PONTE DOM LUÍS I ★★★

El puente es una maravillosa obra de la ingeniería decimonónica, proyectado por el ingeniero belga Théophile Seyrig, discípulo de Eiffel, en1886. Ha sido declarado patrimonio de la humanidad y es el símbolo de Oporto.

Su característica más destacable es el hecho de tener dos tableros. Actualmente por el tablero superior cruza la línea amarilla del metro de Oporto, y el inferior está abierto al tráfico rodado. Su arco principal tiene 170 m de luz. El arco superior se extiende 390 m, conectando

39, C3

Monumento à
Guerra Peninsular

Praça Mouzinho
de Albuquerque

O. Monteiro

Av. Boavista

R. Forrester

R. Agramonte

Cemitério de
Agramonte

R. Júlio Dinis

R. Saudade

R. Igr. de Cedofeita

M
Lapa

R. B.

Mercado
do Bom Suceso

A

R. Gonçalo Sampaio

R. Paz

R. Padre Cruz

Igreja de
Cedofeita

R. Aníbal Cunha

R. Cedofeita

R. Álvares

R. Martins Branco

R. Bom Sucesso

R. Júlio Dinis

POR

R. Campo Alegre

R. Piedade

R. Torrinha

R. Torrinha

R. dos E

R. Gólgota

R. Via Panorâmica

Faculdade
de Letras

R. Júlio Dinis

R. Boa Nova

R. Maternidade

R. Breyner

R. Rosário

R. Cedofeita

R. Mi

R. Pena

R. Miguel

Bombarda

R. Biclaho

Museu do
Carro Eléctrico

R. Dom Pedro V

R. Vilar

B

R. Restauração

Alameda Basílio Teles

R. Entre Quintas

Museu
Romântico

Jardins do
Palácio de
Cristal

R. Dom Manuel II

R. Viterbo Ferreira

Museu de
Soares dos Reis

Igreja das
Carmelitas

Igreja
Carm

R. Carm.

Universidad

Hospital de
Sto. António

Pavilhão
Rosa Mota

R. Restauração

Cordoaria

Igreja
Massarelos

Cais das Pedras

R. Restauração

R. Monchique

Museu do
Vinho do Porto

R. Nova da Alfândega

Jardins do
Horto das
Virtudes

R. Bandeirinha

R. Miragaia

R. Taipas

R. Tra

Cais Cavaco

Cais Capelo Ivens

Cais Gaia

Alfândega
Nova

Palácio
da Bolsa

R. Belm

Merc
Ferr
Bor

C

R. Castelo Branco

Tv. Entre Quintas

R. São Marcos

Museu dos
Transportes e
Comunicações

Igreja de
S. Francisco

R. Inf. D

R. Agricultores

R. Campos

R. Inf. D

Igreja de
S. Nicolau

Regadas

Cap. Bom Jesus
de Gaia

R. Barros

R. Rei Ramiro

RIO DOURO

R. Camilo Castelo Branco

R. Vinte e Oito de Janeiro

R. Oliveiras

R. Argo

Teleférico

Cais de
Gaia

Av. Ramos Pinto

R. Sete
Passadas

R. Cap.
Ribeiro

R. A. Herculano

R. Vera Cruz

R. Rei Ramiro

R. Dr. António Granjo

R. Carvalhosa

R. Azenhas

Convento e
Corpus Ch

D

R. Três

R. Grémio Prosperidade

R. Ramada Alta

R. Serpa Pinto

R. Barão de

nte Lodosa R. Recanto

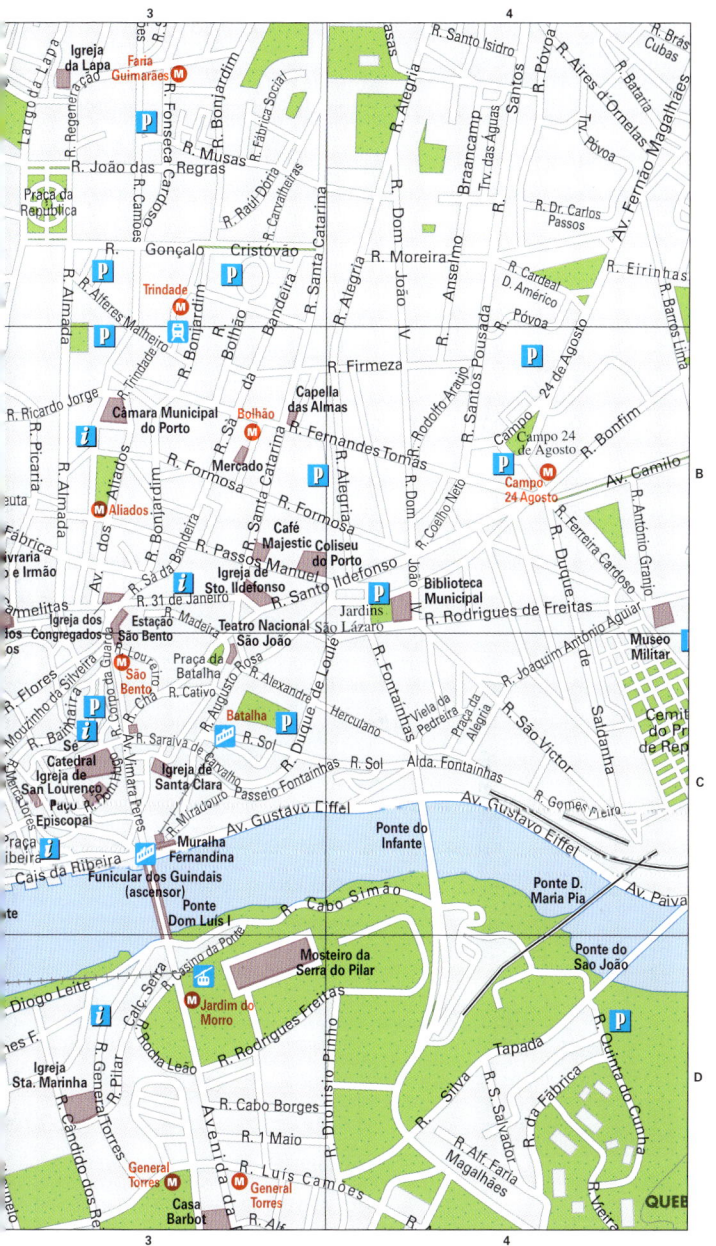

UN PASEO A PIE

Por Oporto

Distancia
4 km

Duración
Media jornada, unas 4 h o más dependiendo de las visitas realizadas

Punto de partida
Iglesia de Nuestra Señora del Pilar (Vila Nova de Gaia)

Punto de llegada
Cais da Ribeira

Comience su visita desde el mejor mirador de Oporto: la terraza que se levanta frente a la **Igreja da Nossa Senhora da Serra do Pilar** en lo más alto de Vila Nova de Gaia. A sus pies el magnífico **puente Luis I**.

Cruce dicho puente por la calzada superior, reservada a tranvías y viandantes. Unos 200 m más adelante gire a su izquierda para alcanzar la Catedral.

Sobre una plaza peatonal extensa y monumental, se levanta a un lado la **Sé**, la catedral de aspecto fortificado de Oporto, junto a ella el **palacio Episcopal** y, en medio, el precioso **Pelourinho**, un rollo jurisdiccional labrado en granito de grandes dimensiones.

Callejee por los barrios humildes que se extienden a las faldas de la catedral, o bien tome la Rua do Corpo da Garda y diríjase hasta la Estaçao de Sao Bento.

La **Estação de São Bento** merece una visita rápida, para admirar los preciosos paneles de azulejos típicos portugueses que representan escenas históricas de la ciudad. Fue construida a finales del siglo XIX sobre los vestigios de un convento mariano.

▲ Vestíbulo de la Estación de São Bento.

Saliendo a su derecha, encarando una pequeña subida, llegará hasta el corazón administrativo y comercial de Oporto, la **Praça da Liberdade,** desde aquí se divisa el Ayuntamiento y otros edificios simbólicos. Continúe por la Rua dos Clérigos.

Suba a la barroca **Torre dos Clérigos**, situada en lo más alto de la colina, y disfrute de las mejores vistas de Oporto. Después puede visitar la **Livraria Lello e Irmão** que está a pocos pasos en la Rua das Carmelitas.

A través de varias alternativas, callejee dirigiéndose hacia el río hasta alcanzar el extremo inferior de la Avenida Mousinho da Silveira.

En esta plaza se levantan el **Mercado Ferreira Borges**, el **Palácio da Bolsa** y la **Igreja de São Francisco** verdaderas joyas de la arquitectura de la ciudad.

Baje por la Rua da Alfandega hasta dar con los muelles del Cais da Ribeira.

Cais da Ribeira es quizá la zona más atractiva y con más sabor de la ciudad, que se levanta frente al hermoso paseo junto al río. Barrio popular y tradicional está repleto de restaurantes, bares y tiendas de recuerdos.

Continúe hasta el Puente Luis I y crúcelo por su calzada inferior. Una vez en Vila Nova de Gaia, visite alguna de sus interesantes bodegas.

▲ Balcones del centro de Oporto.

el centro de la ciudad con la zona más comercial de Vila Nova de Gaia. Apta para peatones y para el tranvía. Por su parte la inferior une los barrios típicos de **Ribeira** al norte, y de las bodegas en Vila Nova.

❚ CAFÉ MAJESTIC ⭐⭐⭐

Esta cafetería, fundada en 1921 y construida en 1921 por el arquitecto João Queirós, es un lugar emblemático de la ciudad que inspiró a varios artistas de renombre a lo largo de la historia.

🕐 38, B3
✉ Rua Sta. Catarina, 112
🕐 L-S: 9.30-23.30 h.
🌐 www.cafemajestic.com

❚ CASA DA MÚSICA ⭐⭐⭐

Los amantes de la arquitectura moderna y la música no deberían perder la ocasión de visitar este original edificio diseñado por el reputado arquitecto holandés Rem Koolhaas e inaugurado en 2005. Dispone de una animada programación.

🕐 f. p. (A1)
✉ Av. da Boavista 604-610
🌐 www.casadamusica.com

❚ MERCADO DE BOLHÃO ⭐⭐

Para conocer el verdadero Oporto hace falta adentrarse por los colores, olores, sabores y voces del **mercado** más ajetreado de la ciudad.

🕐 39, B3
✉ Rua Formosa, 214
🕐 L-V: 7.30-17 h. S: hasta las 13 h

❚ PONTE MARIA PIA ⭐

Remontando unos cientos de metros el río, otro puente acapara la atención. Este es totalmente metálico, obra del propio Gustave Eiffel (1877). Su arco único posee 350 m de luz, y fue construido para las comunicaciones ferroviarias. Hoy se halla en desuso tras la construcción del nuevo puente de São João, algo más arriba.

🕐 39, C-D4

◀ El Mercado do Bolhão reabrió sus puerta en 2022 tras una extensa remodelación.

▼ Fachada del Café Majetic.

❚ FUNDAÇÃO SERRALVES ⭐⭐⭐

La sede de la fundación, **Casa Serralves**, se levanta rodeada de unos frondosos jardines en un edificio de estilo racionalista (1925-1944).

Su **Museo de Arte Contemporáneo** es el centro de referencia más importante del país. Las colecciones incluyen obras de artistas portugueses contemporáneos e internacionales como Picasso, Warhol o Miró. En 2019 se inauguró un nuevo espacio: la **Casa do Cinema Manoel de Oliveira**.

🕐 f. p.
✉ Rua D. João de Castro, 210
🕐 Museo/Casa: oct-mar cierra M; entre semana, 10-18 h; S, D y festivos, 10-19 h; abr-sep: cierra M de abr a jun; entre semana, 10-19 h; S, D y festivos, 10-20 h
🌐 www.serralves.pt
🚌 201, 203, 502 y 504
💶 Moderado

▲ Vista aérea de la fortaleza de Valença do Minho.

LO QUE HAY QUE VER EN EL NORTE DE PORTUGAL

▌VALENÇA DO MINHO ★★

La ciudad fronteriza se alza completamente fortificada sobre una elevada colina en el valle del Miño frente a su homóloga española, Tuy. Las murallas medievales se conservan perfectamente, pues ya entonces era una importante plaza del reino de Galicia. Tras la independencia portuguesa en 1640, un nuevo perímetro de murallas al estilo "Vauban" se construyeron para defender el territorio frente a posibles ataques españoles. El casco histórico, situado dentro del recinto amurallado, al que se accede por un puente levadizo, es un conjunto de limpias calles empedradas llenas de tiendas orientadas hacia el comercio fronterizo. Iglesias y casas blasonadas jalonan las esquinas, confiriendo al conjunto mucho encanto. Se puede pasear por el adarve de las murallas, desde donde se observan unas preciosas vistas del valle, del río y al otro lado las montañas gallegas.

▌VIANA DO CASTELO ★★

Situada en el estuario del río Lima (Limia en Castellano) a las faldas del Monte de Santa Luzia, Viana es una bella ciudad con fuerte tradición folclórica y un gran centro pesquero de altura e industrial.

El centro histórico, con una portentosa catedral románica, atesora una de las plazas más bellas del país, la **Praça da República,** que cuenta con una preciosa fuente barroca en el centro. A los lados casas nobles levantadas en los siglos XVI y XVII, períodos de esplendor para los marinos y pescadores de Viana que llegaban hasta Terranova para capturar el bacalao que luego exportaban a Gran Bretaña y otros puntos del norte de Europa. El **Ayuntamiento,** en uno de los lados, conserva un precioso pórtico de arcos ojivales y blasones que decoran

✉ A 3 km de la frontera española de Tui (Pontevedra), 110 km al N de Oporto
🛈 Oficina de turismo: Paiol do Campo de Marte
☎ 251 823 374

✉ 65 km al N de Oporto
🛈 Oficina de turismo: Praça da Liberdade (o Pr. do Eixo Atlântico)
☎ 258 098 415
🖥 www.cm-viana-castelo.pt
🎉 Fiestas: Las más importantes Nossa Senhora da Agonia se celebran el fin de semana del 15 de agosto

su planta noble, pertenecientes a distintos monarcas. Conviene dar un paseo por las calles adyacentes, como la **Rua Cándido dos Reis** y la **Rua São Pedro,** para admirar algunos ejemplos de casas señoriales notables.

Un poco más alejada del centro histórico se encuentra la **capilla de Nossa Senhora da Agonia**. Este pequeño edificio barroco acoge cada 15 de agosto una de las romerías más famosas de Portugal, en la que miles de personas acuden vestidos con trajes típicos regionales. Viana es conocida por tener una importante tradición folclórica, y los domingos y días festivos es posible ver a paisanos ataviados con las típicas faldas bordadas y pañoletas (ellas) o vistosos chalecos de fieltro negro y sombreros de alas anchas (ellos). Hay numerosos comercios de trajes regionales en la ciudad.

A 4 km del centro, ascendiendo por una empinada carretera, se llega hasta la **basílica santuario de Santa Luzia,** un templo de estilo neobizantino, que cuenta con una hermosa cúpula con linterna que se eleva hasta los 57 m. Es posible subir los 140 escalones para contemplar una de las vistas más hermosas que abarca desde la desembocadura del Miño al norte hasta Oporto en el sur.

❙ PONTE DA LIMA   ✱

Esta población sobre el río Lima (Limia en español) creció gracias a su monumental puente de piedra. Cinco de sus arcos son de origen romano, el resto fue reconstruido durante los siglos xiv y xv. Ponte da Lima constituyó un bastión defensivo para el valle del Miño frente a los musulmanes, y tras ello, un importante paso del camino portugués de Santiago.

¿Sabías qué...?

En la freguesia de Pinheiros, a escasos 4 km por la N101 del pueblo de Monção, población separada de Salvaterra de Miño por un puente, se halla el Palácio de Brejoeira. Esta joya arquitectónica del siglo xviii es Monumento Nacional desde 1910 y ostenta un precioso jardín con árboles centenarios y extensos viñedos.

• • • • • • • • •

✉ 40 km al N de Braga, 85 km al N de Oporto y 30 km al E de Viana do Castelo

ℹ Oficina de turismo: Passeio 25 de Abril ☎ 258 240 208

▼ Basílica de Santa Luzia en Viana do Castelo.

▲ Vista del Puente romano de Ponte de Lima con la iglesia de Santo António al fondo.

• • • • • • • • •

Museo do Brinquedo
✉ Casa do Arnado -
Largo da Alegría, Arcozelo
🕐 M-D: 10-12 h y 14-17 h

• • • • • • • • •

✉ 150 km al NE de Oporto y
30 km al S de Verín (Ourense)
(10 km de la frontera)
ℹ Oficina de turismo:
Praça Luís de Camões
📞 276 348 180

¿Sabías qué...?

Un buen motivo para hacer una parada en esta población es el pastel de Chaves, una pasta crujiente de hojaldre rellena de carne picada de ternera que hará las delicias de los más golosos.

▶ Jardines de Santa Barbara, en el Antiguo Paço Episcopal.

Uno de los mayores atractivos de esta población es el **Museu do Brinquedo,** ideal para los más curiosos y nostálgicos, con un sinfín de juguetes en exposición.

El pequeño casco histórico depara agradables sorpresas al visitante, que callejeando encontrará fácil la **Igreja de Santo António,** que alberga un museo de arte sacro, el **Museu dos Terceiros,** y el antiguo **Palácio dos Marqueses de Ponte da Lima**, que se levantó en el siglo xv, sobre el lugar de la antigua fortaleza medieval. Hoy es sede del Ayuntamiento. Las viejas *ruas* están pavimentadas con planchas de granito, y aún se pueden percibir lienzos de la antigua muralla y dos de sus torreones rodeando el pequeño perímetro del centro.

❙ PARQUE DA PENEDA-GERÊS (▶26)   ✱✱✱

❙ CHAVES   ✱

Esta recoleta ciudad fronteriza descansa en una fértil vega del río Tamega, último de los grandes afluentes del Duero, que nace en las montañas gallegas. Conocida en época romana como *Aqua Flaviae* por sus aguas termales, estaba ubicada aproximadamente a medio camino en la vía que unía Braga y Astorga. Portuguesa desde 1160, fue fortificada para proteger el valle frente a la fortaleza española de Verín (Ourense), que se encuentra tan solo 10 km río arriba. En el siglo xvii el castillo fue completado con murallas defensivas al estillo Vauban, en estrella. La ciudad cuenta con un pequeño centro histórico muy atractivo en el que en un pequeño paseo se puede admirar los monumentos más importantes.

La elegante **Praça Camões** agrupa algunos de los edificios más emblemáticos y está presidida por una estatua de Alfonso I, primer duque de Braganza. El **Ayuntamiento** de época clásica se alza frente a la **Igreja da Misericórdia,** preciosa capilla barroca (siglo XVII) con unas columnas torsas adornando la fachada y una preciosa decoración interior, con un retablo dorado y paneles de azulejos. A pocos metros, en la parte más alta de la ciudad, se levanta el **castillo** y su esbelta torre del homenaje. Desde los jardines, se observan amplias vistas del valle y las montañas que la rodean.

❙ BARCELOS ★★★

Esta localidad al oeste de Braga, muy conocida por su mercado semanal, es sin embargo famosa por haber dado origen al símbolo más característico y omnipresente de Portugal: el "gallo de Barcelos". Su imponente y desmesurada plaza acoge cada jueves el más importante y mayor mercado de ganado del norte de Portugal.

Semanalmente, venidos de todos los rincones del país, los feriantes venden ropa, alimentos, productos de la tierra, frutas y verduras, baratijas y todo tipo de animales de cabaña: ovejas, vacas o cabras. El resto de la semana, la plaza, vacía y adornada por una fuente, da la sensación de poder engullir al pueblo entero.

✉ 20 km al O de Braga
ℹ Oficina de turismo:
Largo Dr. José Novais, 27
☎ 253 811 882
🖥 www.cm-barcelos.pt
🎉 Festa das Cruzes: 3 de Mayo

❙ BRAGA ★★

La antigua *Bracara Augusta* romana fue capital del reino de los suevos durante la baja Edad Media –cuyo territorio se extendía por Galicia y el norte de Portugal–. De temprana cristianización, la ciudad se convirtió rápidamente en la más influyente sede episcopal del noroeste peninsular. Existen más de 80 iglesias en la ciudad, que atestiguan su importancia como centro religioso. De todas ellas, la Sé es la más importante e imponente.

✉ 50 km al N de Oporto
ℹ Oficina de turismo: Av. da Liberdade, 1
☎ 253 262 550
🖥 www.cm-braga.pt
🕐 Catedral: diario de 9.30-12.30 h y 14-17.30 h. Verano hasta 19 h
🖥 www.se-braga.pt

¿Sabías qué...?

Braga contó con una catedral metropolitana (significa que otras catedrales o diócesis dependen de ella) desde el siglo III. Durante la invasión musulmana, sus obispos se refugiaron en Lugo. Tras la reconquista cristiana, se volvió a instaurar su archidiócesis (1070). Por tradición e historia, sus obispos se titulaban "primado de las Españas", motivo por el cual entraron en conflicto con el arzobispo de Toledo. Tras la independencia definitiva de Portugal, Braga siempre ha sido la capital religiosa del país, y sus obispos siguen usando dicho título.

La **catedral** fue construida a lo largo de varios siglos y mezcla diferentes estilos: desde el románico de su pórtico sur (siglo XI) al gótico de sus naves, y renacentista, manuelino e incluso barroco de algunos retablos y capillas. En su interior destacan sus órganos dorados y las distintas capillas laterales.

La **Capela de São Geraldo** posee un fresco gótico de la Virgen. La **Capela dos Reis** alberga las sepulturas de Enrique de Borgoña y Teresa de León, padres del primer rey de Portugal, Alfonso I (Afonso henriques). La **Capela de São Pedro** posee unos extraordinarios murales de azulejos firmados por el maestro Antonio Oliveira Bernardes. Otros templos resaltan dentro del casco histórico como la **Capela dos Coimbras,** que cuenta con una esbelta torre de estilo manuelino y en su interior se cobija un panel de azulejos, que ilustra la historia de Adán y Eva; y la **Igreja da Santa Cruz**, de espléndida decoración barroca. El **Antigo Paço Episcopal** es un gran edificio rodeado de los hermosos jardines de Santa Bárbara, y del **Largo do Paço,** que en su día fue un patio del recinto.

I SANTUÁRIO DO BOM JESÚS ★★★

A 4 km de Braga se asoma uno de los tesoros arquitectónicos del barroco portugués. Este precioso santuario está situado en lo alto de una colina cercana, y hasta él se accede por una monumental escalinata de 1.000 peldaños. Jalonada con esculturas y balaustradas, las escaleras van ganando altura en zigzag, confiriendo al conjunto una gran teatralidad. Si no se quiere subir a pie, hay un funicular que realiza el trayecto y se puede optar por solo bajar las escaleras para no perderse los bonitos detalles decorativos. El emplazamiento del santuario además posee mucho encanto, ya que se halla en medio de una espesa arboleda, con árboles añejos y frondosos, surcada por un Vía Crucis que marca un sendero sombrío.

- - - - - - - - -

- 4 km al O de Braga. Monte do Bom Jesús
- Santuario: ver, 8-19 h; inv, 9-18 h. Funicular: ver, 9-20 h; inv, 9-19 h
- bomjesus.pt

I SÃO FRUTUOSO DE MONTÉLIOS ★

Al norte por la carretera hacia Ponte de Lima, esta pequeña iglesia visigótica, de planta en cruz griega, es uno de los templos cristianos conservados más antiguos de Portugal. Fue construida entre los siglos V y VI, y se asienta sobre cuatro arcos de herradura que sustentan un cimborrio.

- - - - - - - - -

- 3 km al N de Braga por la ctra. de Ponte da Lima, en la aldea de São Jerónimo Real
- Invierno: M-S: 14-16.3 h Verano: M-S: 14-18 h

- - - - - - - - -

- 25 km al SE de Braga. 60 km al NE de Oporto
- Oficina de turismo: Largo Cónego José Maria Gomes
  - 253 421 221
  - guimaraesturismo.com
- Paço dos Duques
- Todos los días, 10-18 h
- www.pacodosduques.gov.pt
- Castillo
- 10-18 h

I GUIMARÃES ★★★

Primera capital del reino, fue testigo de la coronación de Afonso henriques (Alfonso I hijo de Enrique de Borgoña) como primer rey de Portugal en 1139. La ciudad, consciente de su rol histórico, posee un gran valor sentimental para el nacionalismo luso y desde 2001, su centro histórico es Patrimonio de la humanidad de la UNESCO. Su legado monumental está directamente relacionado

con su papel monárquico, ya que conserva el castillo medieval, sede de la primera Corte portuguesa, y el palacio de los duques de Braganza (Paço dos Duques), feudo original y residencia de la Casa Braganza, dinastía que reinó entre 1640 y 1853.

El **castillo,** erigido en la parte más alta de la ciudad, solo conserva su parte externa, siete torreones unidos por lienzos de la muralla que abrazan la torre del homenaje, esbelta y almenada. Las vistas desde aquí abarcan gran parte de los valles circundantes.

Un poco más abajo se encuentra el **Paço dos Duques,** que fue construido por Dom Afonso henriques, primer duque de Braganza, como residencia de la futura Casa Real, y hoy alberga el **Museo de Guimarães,** dedicado a la historia de la ciudad.

El interior del palacio conserva una interesante colección de tapices flamencos, alfombras persas y un espléndido salón de banquetes con un trabajado artesonado de madera.

En 2012 Guimarães fue Capital Europea de la Cultura, lo que le dio más resonancia internacional.

El **Centro Internacional das Artes José de Guimarães (CIAJG)** es un espacio dedicado al arte contemporáneo.

El **Museu Arqueológico Martins Sarmento,** además de los ricos fondos arqueológicos, contiene importantes colecciones de etnografía, numismática y arte contemporáneo.

El **Museu de Alberto Sampaio,** de arte sacra, instalado en el centro de la localidad y que goza de un precioso claustro, la **Casa da Memória,** dedicada a la historia de la ciudad, y el **convento de Santo António dos Capuchos** son otros de sus atractivos.

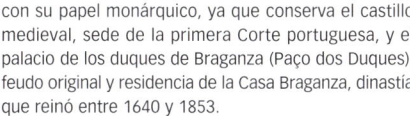

▲ A la izquierda, el Santuário do Bom Jesús. A la derecha, el castillo y la Praça de Sao Tiago de Guimarães.

● ● ● ● ● ● ● ● ●

CIAJG
✉ Av. Conde Margaride, 175
☎ 253 424 715
🕐 M-D: 10-13 h y 14-19 h.
🌐 www.ciajg.pt

Museu Martins Sarmento
✉ Rua Paio Galvão
☎ 253 415 969
🕐 M-S: 9.30-12-30 h y 14.30-17.30 h. S abre a las 10 h.

Museu de Aberto Sampaio
✉ Rua de Alfredo Guimarães
☎ 253 423 910
🕐 M-D: 10-18 h
🌐 www.museualbertosampaio.gov.pt

Casa da Memória
✉ Av. Conde Margaride, 536
☎ 253 424 716
🕐 M-V: 10-17 h. S y D: 11-18 h
🌐 www.casadamemoria.pt

Convento
✉ Rua Dr. Joaquim de Meira
☎ 253 541 244
🕐 M-S: 10-13 h y 14-18 h.

✉ 60 km al E de Oporto
🛈 Oficina de turismo: Alameda
Teixeira de Pascoaes
☎ 255 420 246
🌐 www.amarantetourism.
com

**Convento de São Gonçalo –
Capilla de los Milagros**
✉ Praça da República
🕐 Vier, 8.30-19 h; inv, 8.30-18 h

**Museu Municipal Amadeo
Souza-Cardoso**
✉ Alameda Teixeira de Pascoaes
☎ 255 420 282
🌐 www.amadeosouza-cardoso.
pt
🕐 Oct-may: M-D, 9.30-12.30 h y
14-17-30 h; Jun-sep: M-D,
10-12.30 h y 14-18 h

✉ 140 km al SE de Oporto,
40 km al S de Vila-Real
🛈 Oficina de turismo: Av.
Carvalho Araújo, 110
☎ 259 308 170
🌐 www.cm-vilareal.pt

**Santuario Nossa Senhora
dos Remédios**
✉ Monte de Santo Estevão
🕐 M-V 7.30-18 h; verano hasta
20 h

Caves da Raposeira
✉ Lugar da Raposeira, Lamego
☎ 254 655 003
🕐 L-V: 9-13 h y 14-18 h.
🌐 www.cavesdaraposeira.com

❚ AMARANTE ✱✱

Esta pequeña población, que creció alrededor del **convento de São Gonçalo,** es un importante centro de peregrinaje y devoción para todos los portugueses. El vistoso puente de piedra del siglo XVIII une las dos orillas del Támega, en un encantador rincón en el que las sombras de los enormes árboles cubren casi por completo el tranquilo recodo del río al que se asoman numerosas terrazas de restaurantes y hoteles.

En la **capilla de los Milagros,** cubierta por una hermosa cúpula de teja vidriada, impacta ver los exvotos en cera que representan brazos, manos, piernas o corazones. Las peticiones realizadas al santo por feligreses desde hace siglos van acompañadas de retratos del enfermo. Cientos de ellos aducen haber sido sanados milagrosamente.

El **Museu Municipal Amadeo Souza-Cardoso** es de visita obligatoria. Pese a su corta vida, este amarantino pintor portugués dejó un legado importantísimo en el arte portugués de principios del siglo XX. Además, también alberga el legado de los pintores Acácio Lino y António Carneiro.

❚ LAMEGO ✱

Esta localidad es conocida por su vino espumoso, el *Raposeira,* considerado el mejor de Portugal. Aquí se celebraron en 1143 las primeras Cortes del nuevo reino, que reconocieron a Afonso henriques como su primer rey.

El centro es moderno y no posee especial interés turístico, salvo los restos de su catedral románica, la profusamente decorada con retablos dorados y azulejos, la **Capela do Desterro** (1640) y el **Museu de Lamego,** instalado en el antiguo Palacio Episcopal, que exhibe pinturas de Grão Vasco y tapices flamencos. A unos pasos se halla el imponente **castillo**. Su mayor tesoro monumental, no obstante, es el **Santuário de Nossa Senhora dos Remédios**. Construido en 1761, es un centro de peregrinación de primer orden. Posee una escalera barroca con balaustradas, similar al *Bom Jesus* de Praga. Superar los 686 escalones tiene la recompensa de unas bellas vistas sobre el valle del río Duero.

En **São João de Tarouca** se fundó el primer establecimiento del císter en Portugal. Conserva jardines y un austero templo cisterciense de estilo transición. Y 3 km más allá, en **Ucanha,** se conserva un puente medieval del siglo XII con una torre defensiva de portazgo.

❚ BRAGANÇA ✱✱

Rodeada de sierras y aislada del resto del país por tres cadenas montañosas, Bragança se yergue orgullosa en un altiplano de la esquina nororiental de Portugal. Cercana a las fronteras de Zamora al este y Orense al norte, este rincón del país está cargado de simbolismo e historia para los portugueses, pues fue el feudo que dio origen al futuro reino de Portugal. El noble borgoñón, que apreciaba esta plaza y la eligió como base de operaciones militares contra León, inició un proceso de enfrentamiento y desafección del poder monárquico –inmerso en luchas dinásticas–, que culminaría con la independencia del nuevo reino y el reconocimiento del Papa, bajo el reinado de su hijo Alfonso I de Portugal.

Su imponente **fortaleza,** preparada para largos asedios y batallas que a lo largo de la historia ha sufrido, está presidida por la alta torre del homenaje de su castillo medieval. El laberíntico trazado de sus callejuelas de casas entejadas queda rodeado por unas gruesas murallas graníticas de color grisáceo. Edificios ilustres e iglesias se disputan espacio en las empinadas calles que conducen a la **Ciudadela.** Bragança dio también nombre a la dinastía de la monarquía portuguesa que reinó desde 1640, año en el que Portugal recuperaba su independencia de la Corona de España, hasta 1853.

I MIRANDA DO DOURO ✳

Miranda es una tranquila localidad, que se alza orgullosa sobre un cerro dominando el valle del Duero, donde este, encajonado entre paredes de granito, marca la frontera con tierras zamoranas. Como toda localidad fronteriza, estaba presidida por un castillo –hoy en ruinas–, y sus defensas se reforzaron con murallas estilo Vauban en el siglo XVII.

Las calles del centro histórico son muy bonitas, y es agradable pasear por sus calles. En el extremo opuesto a la entrada, la **Sé** (catedral) del siglo XVI es su mayor monumento. Su fachada es bastante sobria, en granito y con dos torreones que la flanquean. El interior es de planta de salón, y posee un retablo notable, obra de escultores castellanos. Pero la mayor curiosidad es la imagen del Niño Jesús **(Menino Jesus da Cartolinha),** vestido con sombrero de copa que se expone dentro de una vitrina en el crucero derecho. Goza de una enorme devoción, que queda patente en la multitud de trajes con que el pueblo le ha obsequiado.

En una plaza céntrica, se asoma el edificio del antiguo Ayuntamiento que aloja el **Museu Regional da Terra de Miranda,** donde se expone una colección bien surtida y entretenida de arqueología y etnografía.

En los alrededores de Miranda, se pueden realizar excursiones en barco por los llamados **Arribes del Duero,** un paisaje de cañones de granito por donde el río embalsado discurre tranquilamente y sirve de hogar a una abundante población de aves.

✉ 225 km al NE de Oporto y 100 km al NO de Zamora (25 km de la frontera)
🛈 Oficina de turismo: Rua Abilio Beça, 103
☎ 273 381 273
🌐 www.cm-braganca.pt

¿Sabías qué...?

En Miranda, se habla un idioma particular propio: el **mirandés.** Este quizá sea el aspecto cultural más llamativo de una comarca con costumbres profundamente peculiares, consecuencia del aislamiento secular producido por estar situada en una de las comarcas más abruptas, montañosas y lejanas del país.

✉ 290 km al E de Oporto, 60 km al O de Zamora (3 km de la frontera)
🛈 Oficina de turismo: Rua 25 de Abril
☎ 273 430 025
🌐 www.cm-mdouro.pt

Museo Regional Terra de Miranda
✉ Praça D. João III, 2
🕒 X-D: 10-18 h y M: 14-18 h Cerrado L

¿Sabías qué...?

Una de las mayores delicias de la gastronomía de Trás-os-Montes es la *posta de vitela à Mirandesa,* un pedazo de carne de ternera de la región que puede superar el kilo y se deshace en la boca.

UN PASEO EN COCHE

Por el valle del Duero

Distancia
320 km
Extensión a Alijó,
30 km más i/v

Duración
Un día completo con
paradas y visitas

Punto de inicio
Oporto

Punto de llegada
Oporto

Comida
Pinhão
Restaurante Veladouro
Tv. da Rua da Praia, 3
☎ 254 738 166
⏰ M-V: 12-15 h y 19.30-21 h.
S y D: 12-15 h

❚ La ruta se inicia en Oporto, saliendo por la carretera comarcal N108, que va serpenteando por el encajonado valle a lo largo de 120 km hasta la localidad de Peso da Régua.

Peso da Régua es un importante centro vitivinícola, capital de una de las principales comarcas productoras de vino.

❚ Tan solo 13 km al sur, siguiendo la A-24 entre preciosos paisajes, podemos acercarnos hasta Lamego.

En **Lamego** la visita obligada es el Santuario barroco de Nossa Senhora dos Remédios. La localidad ofrece un aspecto pintoresco y otras visitas posibles son la catedral y el Museo Municipal.

❚ Volvemos sobre nuestros pasos para empalmar con la N222 justo antes de cruzar el río y remontarlo durante 22 km por su ladera sur hasta Pinhao.

Pinhão es una pequeña localidad que agrupa las principales bodegas. Como en Oporto, la vista de tejados rojos con los nombres de sus marcas pintadas en blanco mirando al río es muy pintoresca.

▶ Localidad de Amarante, a orillas del río Duero, con la Catedral al fondo.

❚ Aquí se almacenaban y preparaban los caldos vendimiados en toda la comarca, para más tarde trasladarlos hasta Vila Nova de Gaia en alguno de las tradicionales embarcaciones que descendían río abajo, denominadas *rabelos*.

Si disponemos de más tiempo y disfrutamos de la conducción podemos dirigirnos por la N322-3 hasta Alijó (16 km al norte) para disfrutar de los característicos paisajes de bancales de viñas de los valles del alto Duero.

❚ De lo contrario descenderemos de nuevo por la N222 y N108 hasta Mesão Frío (a 34 km) donde abandonaremos el Valle del Duero para alcanzar Amarante por la N101 (a 24 km) a través de pintorescos paisajes.

Amarante (▶ 48) es conocida por São Gonçalo, santo y patrón de gran devoción popular.

❚ Su santuario está en un remanso del río Tamega, junto a un puente de piedra. Visite la capilla y asómbrese de la cantidad de exvotos en cera que la gente le ha ofrecido en espera de sanaciones milagrosas. También encontrará los comercios que las venden; pies, dedos, manos... pero también corazones, u otros órganos.

Se regresa a Oporto, recorriendo los 100 km de la autopista A4 que separan Amarante de la capital.

▲ Claustro del Monasterio de São Gonçalo.

Coímbra y las **Beiras**

Las Beiras son distintas comarcas portuguesas. Tierra de transición entre los verdes pastos del norte, de húmedo clima atlántico, y las llanuras calurosas del Alentejo de clima mediterráneo. La Beira Alta, cuya capital es Viseu, ostenta tierras altas, serranas, duras e inhóspitas, donde manda el granito de las peñas y las murallas defensivas de las plazas fronterizas. La Beira Baixa, también interior, se sitúa más al sur, está algo menos elevada, perteneciendo ya a la cuenca del Tajo que marca su frontera meridional. Su capital es Castelo Branco. Por último la Beira Litoral, enmarcada por las montañas y la costa, es territorio del Mondego, y comprende la prestigiosa Universidad de Coímbra, foco de cultura lusa.

▌Coímbra

Capital universitaria de Portugal, y referencia cultural lusa, esta pequeña capital goza de una extraordinaria tradición académica. Su universidad, fundada en 1290, es una de las más antiguas de Europa y constituye un reclamo turístico.

Coímbra
- ✈ 150 km al N de Lisboa, 125 km al S de Oporto
- 🛈 Oficinas de turismo:
  Largo da Portagem
  ☎ 239 488 120
  Praça da República
  ☎ 239 857 186:
  🖥 www.cm-coimbra.pt
- 🛈 Turismo Centro de Portugal
  Av. Afonso henriques, 132, Coímbra
  ☎ 239 488 120;
  🖥 www.turismodocentro.pt

◀ En la página anterior, vista de Coímbra desde el río de Mondego. Al lado, tejados de las antiguas casas de Coímbra.

▌VELHA UNIVERSIDADE ★★★

La Velha Universidade (Universidad Vieja) se fundó en 1290, y es por tanto una de las más antiguas de Europa. El hermoso conjunto monumental está compuesto por tres edificios que se disponen alrededor de un patio, en lo más alto de la ciudad y abierto al río. La **Biblioteca da Universidade** posee tres deslumbrantes salas barrocas (siglo XVIII), decoradas con pan de oro, que atesoran un gran número de volúmenes de gran valor.

El **Salón de Ceremonias**, realizado en el siglo XVII, posee un soberbio techo pintado. La contigua **Capela de São Miguel** es de estilo manuelino.

- 🕓 54, B1
- ✉ Largo da Porta Férrea
- 🕘 9-18 h
- 🖥 www.uc.pt
- 🎫 Moderado

▌SÉ VELHA ★★

La Catedral Vieja es una bella iglesia románica de aspecto fortificado en el exterior y de ambiente recogido y poca luz en su interior. Iniciada su construcción cuando la ciudad fue declarada capital del reino de Portugal, conserva un valioso retablo en el altar mayor y varias capillas laterales.

- 🕓 54, B1
- ✉ Largo da Sé Velha
- 🕘 10-18 h. D a partir de las 11 h
- 🎫 Barato

🕐 54, A1
✉ Praça 8 de Maio
🕐 L-S: 9-18.30 h y D: 13-17 h
📧 Económico

▌MOSTEIRO DA SANTA CRUZ ✶✶

El monasterio de la Santa Cruz es una de las joyas arquitectónicas de Coímbra. Se asoma al final de la calle peatonal más comercial de la ciudad **Rua Ferreira Borges-Rua Visconde da Luz,** que une el Largo da Portagem frente al río Mondego, con la Praça 8 de Maio en la que se levanta su fachada. Fue mandado construir por Alfonso I en el siglo XII, y desde entonces ha estado ligado a la protección de la Corona, recibiendo numerosas donaciones de nobles del reino que le permitieron dotarse de una decoración exquisita. Destaca en la fachada, la **Portada Exenta.** De su interior sobresale es el y el coro tallado en maderas nobles con escenas de los viajes de Vasco de Gama. La sacristía atesora varias obras del pintor nacido en las Beiras, Grão Vasco.

🕐 54, B2
✉ Largo Dr. José Rodrigues
☎ 239 853 070
🕐 X-D: 10-18 h. M abre a las 14 h
🌐 www.cm-coimbra.pt

▌MUSEU NACIONAL
   MACHADO DE CASTRO ✶✶✶

Abierto en 1913, este museo que debe su nombre a uno de los escultores portugueses más importantes de los

COÍMBRA

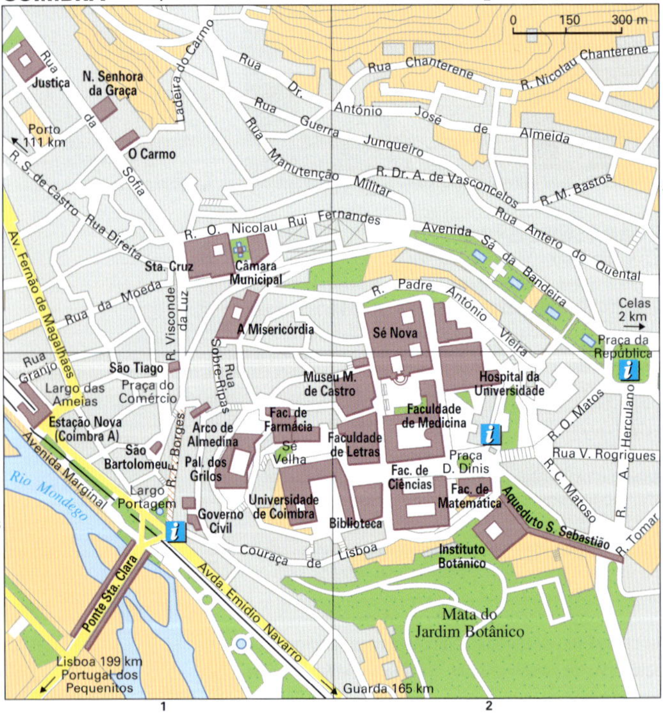

0   150   300 m

Rua da Justiça · N. Senhora da Graça · Ladeira do Carmo · Rua Chanterene · R. Nicolau Chanterene · Rua Dr. António José · Porto 111 km · O Carmo · Rua da Sofia · Rua Guerra · Junqueiro · R. D. A. de Vasconcelos · Rua Manutenção · R. S. de Castro · Rua Direita · R. O. Nicolau Rui Fernandes · Rua Militar · Avenida Sá da Bandeira · R. M. Bastos · Rua Antero do Quental · Sta. Cruz · Câmara Municipal · Rua da Moeda · R. Padre António Vieira · Celas 2 km · Av. Fernão de Magalhães · Rua da Luz · A Misericórdia · Sé Nova · Praça da República · Rua Granjo · São Tiago · Largo do Comércio · Praça do Comércio · Rua Sobre-Ripas · Museu M. de Castro · Hospital da Universidade · R. O. Matos · Ameias · Estação Nova (Coimbra A) · Arco de Almedina · Fac. de Farmácia · Faculdade de Medicina · Rua V. Rogrigues · R. C. Matoso · São Bartolomeu · Pal. dos Grilos · Sé Velha · Faculdade de Letras · Praça D. Dinis · R. A. Herculano · Avenida Marginal · R. Borges · Largo Portagem · Governo Civil · Universidade de Coimbra · Fac. de Ciências · Fac. de Matemática · Aqueduto S. Sebastião · R. Tomar · Rio Mondego · Ponte Sta. Clara · Biblioteca · Couraça de Lisboa · Instituto Botânico · Avda. Emídio Navarro · Lisboa 199 km · Portugal dos Pequenitos · Mata do Jardim Botânico · Guarda 165 km

A · B · 1 · 2

siglos XVIII y XIX. Expone piezas de escultura, pintura, cerámica y textil. El grand **patio** es de visita obligada. Aquí se ubicaba el centro administrativo, político y religioso de la época romana, así como un templo cristiano, el Palacio Episcopal y un museo desde 1911. Es uno de los rincones más complejos e interesantes de la ciudad.

MOSTEIRO DE STA. CLARA-A-VELHA ✳

Rehabilitado, este monasterio, fundado en 1287 y declarado Monumento Nacional, permite visitar sus ruinas y la exposición de sus fondos arqueológicos.

Popularmente conocido como Convento de Santa Clara-a-Velha, se localiza en la margen izquierda del río Mondego, en la freguesia de Santa Clara. Fue construido en un momento de prueba del estilo gótico en Portugal.

- 54, B1
- Rua das Parreiras
- 239 801 160
- May-sep: 10-18 h. Oct-abr: 10-17 h. Cierra lunes

PENEDO DA SAUDADE ✳

Este mirador inaugurado en 1845 regala unas buenas vistas de Coímbra, del río Mondego y la sierras de Lousã y Roxo. En este espacio se puede encontrar entre una vegetación diversificada, numerosas placas conmemorativas de eventos ligados a la vida académica, además de poesías de alumnos. La más antigua data de 1855. La *Sala de los Cursos* y la *Sala de los Poetas* son dos espacios de visita obligatoria.

JARDIM BOTÁNICO ✳✳

El pulmón verde de la ciudad se halla en el centro de la ciudad y cuenta con más de 13 ha de vegetación singular. Abrió sus puertas en 1772 por iniciativa del marqués de Pombal.

El jardín posee una **biblioteca** que sobrepasa los 125.000 volúmenes. El **herbario** comprende cerca de 1 millón de especímenes originarios de todo el mundo. Aquí también se encuentra el *herbário de Willkomm,* así mismo se pueden estudiar otros materiales de interés botánico, normalmente los procedentes de exploraciones universitarias en el África Tropical.

- 54, B2
- Calçada Martim de Freitas
- Oct-mar: 9-17.30 h. Abr-sep: 9-20 h
- www.uc.pt/jardimbotanico

CENTRO CIÊNCIA VIVA ✳✳

Creada en noviembre de 1995, por iniciativa del Centro de Iniciación Científica de la Universidad de Coímbra. Fue instalado en la Casa Municipal de Cultura y en el Parque Verde del Mondego. Dirigido por el profesor Manuel Simões Gil, hasta 2015, el Centro tiene como temáticas principales las Ciencias Básicas y las Ciencias de la Salud. Es un museo de la ciencia interactivo para todas las edades.

- f.p.
- Rotunda das Lages, Parque Verde do Mondego
- 239 703 897
- 10-13 h y 14-18 h
- www.exploratorio.pt

PORTUGAL DOS PEQUENITOS ✳

Este pequeño parque temático y divulgativo está orientado hacia los más pequeños, sin embargo es un atractivo

- f.p. (B1)
- Rossio de Santa Clara
- Ene-feb y 16 oct-dic: 10-17 h: mar-may y 16 sep-15 oct: 10-19 h y jun-15 sep: 9-20 h
- www.fbb.pt
- Moderado

▲ Ruinas romanas de Conímbriga.

Ruinas Romanas
- 17 km al S de Coímbra en Condeixa-a-Nova
- Yacimiento Arqueológico y museo: 10-19 h, hasta las 18 h en invierno.

- 40 km al O de Coímbra
- Oficina de turismo: Esplanada Silva Guimarães, Castelo Engenheiro Silva
  - 233 209 500

- 25 km al NE de Coímbra
- Oficina de turismo: Rua Emídio Navarro, 136
  - 231 930 122

- 3 km al S de Luso. Mata do Bussaco. Actualmente es un hotel, pero se pueden visitar los jardines
- www.almeidahotels.pt

turístico para todos los públicos. Situado en el Largo do Rossio de Santa Clara, en la orilla sur del río, fue fundado en 1940 y ampliado varias veces. El parque está dividido en tres zonas: la primera reproduce en tamaño reducido las arquitecturas tradicionales de las distintas regiones portuguesas; la segunda representa algunos de los principales monumentos distribuidos de norte a sur, entre los que destaca la reproducción de la ventana manuelina del convento de Tomar; la tercera, la más reciente, muestra edificios emblemáticos de las Azores, Madeira y las antiguas provincias de ultramar, hoy países independientes lusófonos de África (Mozambique, Angola, etc.), Brasil y Asia (Macau, Goa y Timor).

ALREDEDORES DE COÍMBRA

❙ CONÍMBRIGA ✳

A unos 17 km al sur surge el yacimiento arqueológico romano más importante de Portugal. En la visita se pueden admirar unos magníficos suelos de mosaico.

❙ FIGUEIRA DA FOZ ✳

Esta localidad costera es hoy un gran centro veraniego, que se asienta sobre una playa de arena dorada muy ancha y extensa, apreciada por los surfistas por sus olas y azotada a menudo por frescos vientos atlánticos.

El emplazamiento en la desembocadura del río Mondego, y los paisajes naturales que la rodean son de gran belleza.

❙ LUSO ✳

Conocido en todo el país por su **balneario** de aguas medicinales, Luso es una pequeña población orientada al turismo sosegado por la que parece no haber pasado el tiempo. Enclavada en un pequeño valle rodeado de colinas, sus instalaciones balnearias, aunque renovadas, lucen un característico y atractivo aire de decadencia, como de otro tiempo, que no hace sino aumentar su encanto.

El caso es que sus aguas son de alto contenido radiactivo –ya que se filtran por rocas ígneas (cuarzos y granitos) de las sierras circundantes–. Esta característica, lejos de ser nociva para el consumo, aporta unos importantes poderes curativos, y hay quien las considera una panacea para la salud.

❙ PALACIO DE BUÇACO ✳✳

En las proximidades de Luso, se esconde uno de los palacios más exclusivos, especiales e interesantes de todo Portugal, el palacio de Buçaco. Este capricho arquitectónico decimonónico es de estilo neomanuelino. Decorado con motivos navales en cornisas y fachadas, las cresterías y ventanas representan maromas de barco, nudos, etc. Está rodeado por uno de los parques ajardinados más atractivos y bellos de Portugal, y quizá de Europa. Especies mediterráneas como el alcornoque o el pino comparten protagonismo con otras caducifolias que dan fe de la humedad atlántica, rebosantes de verdor y frondosidad. Una red de senderos surca el parque y proporciona entretenimiento a los amantes de los paseos.

Los caminos discurren a menudo junto a arroyos y están sombreados por las copas de árboles, a veces centenarios. Resulta una experiencia muy agradable sobre todo para huir de los rigores del calor del verano. Hay que reseñar que el palacio se ha sido convertido en lujoso hotel, pero sus jardines se pueden disfrutar libremente.

▌ AVEIRO   **★★**

La luminosa ciudad de Aveiro es conocida como la "Venecia portuguesa". Se levanta a las puertas de una extensa ría, y tres grandes canales se adentran en sus entrañas. Su puerto comercial fue progresivamente anegado por bancos de arena a partir del siglo XVI. Lo más característico de esta encantadora ciudad son sus coloristas barcas denominadas *moliceiros,* embarcaciones de proa y popas elevadas, pintadas con motivos marianos, folclóricos o tradicionales, varadas en las dársenas de los canales.

Estas vistosas "góndolas" eran usadas para la recolección y transporte del *moliço,* una abundante alga de la ría que se recogía a rastrillo en los arenales y se procesaba de forma natural para fabricar un excelente abono. La riqueza de esta industria proporcionó los capitales para construir algunas de las casas de bellas fachadas que se asoman a las calles principales de

▼ Góndolas típicas en los canales de Aveiro.

✉ 70 km al N de Coímbra y 50 km al S de Oporto
ℹ Oficina de turismo: Rua João Mendonça, 8
☎ 234 420 760

Museu Vista Alegre
✉ Rua da Fábrica da Vista Alegre
☎ 234 320 628
🕐 May-sep: 10-19.30 h
   Oct-abr: 10-19 h
🖥 https://vistaalegre.com

Museu Marítimo
✉ Av. Dr. Rocha Madaíl, 193
☎ 234 329 990
🕐 M-S: 10-13 h y 14-18 h
   (mar-sep: D, 14-18 h)
🖥 www.museumaritimo.cm-ilhavo.pt

Navio-Museu Sto. André
🕐 M-S: 10-13 h y 14-18 h
   (mar-sep: D, 14-18 h)

Aveiro. El puerto languideció poco a poco al enarenarse, y solo en 1808 una obra de ingeniería abrió una canal hasta el mar que devolvió la posibilidad comercial a sus muelles y un nuevo, aunque pequeño, empuje industrial a la ciudad.

Aveiro es mucho más que la "Venecia portuguesa". En **Ílhavo,** una población pesquera situada a 8 km, se hallan dos espacios muy atractivos. El **Museu histórico da Vista Alegre** expone el rico patrimonio industrial de la fábrica de la famosa porcelana con el mismo nombre. El **Museu Marítimo de Ílhavo,** que también integra el **Aquário dos Bacalhaus,** es la mejor manera para conocer los estrechos lazos con el mar de muchos portugueses. A este museo también pertenece el **Navio-Museu Santo André,** que se halla anclado en el puerto de Aveiro, a unos 12 km.

Para conocer mejor la tradición pesquera conviene visitar **Costa Nova** y sus tradicionales palheiros, unas casitas de vivos colores que inicialmente los pescadores usaban para guardar las herramientas y que se acabaron convirtiendo en viviendas.

▐ CARAMULO ✱

Capital de la sierra del mismo nombre, un macizo pizarroso y granítico que se extiende de suroeste a noreste, sobrepasando los 1.000 m de altitud, de paso obligado en las comunicaciones interiores del país de norte a sur. El **museo Caramulo** está dividido en dos partes, una está dedicada al arte antiguo y moderno con obras de artistas como Duffy, Picasso, Léger o Dalí, aunque puede que no sean los lienzos más representativos, sí es llamativo la colección reunida en este pequeño pueblo. Una segunda parte situada en un pabellón moderno reúne un buen número de automóviles de época.

La colección comprende medio centenar de vehículos en perfecto funcionamiento que hacen las delicias de niños y aficionados a los coches antiguos. El más antiguo es un Peugeot de 1899, los más valiosos quizá sean el Ferrari, el Darraco (1902) o el de hispano-Suiza de principios de siglo xx. Algunos ejemplares de motos y bicicletas completan la colección.

En las proximidades, el **Parque Nacional de Cambarinho** abarca miles de hectáreas de denso bosque variado, moteado aquí y allá con viñas y pastos. Existen senderos señalizados para recorrer el parque.

En la **Serra de Caramulo,** a la salida del pueblo hacia el oeste, merece la pena acceder hasta dos miradores: **Caramulinho,** a 2 horas ida y vuelta, y **Cabeço da Neve,** que a 995 m de altura proporciona unas excelentes vistas del valle del Mondego y al fondo la Serra da Estrela (el techo de Portugal).

✉ 90 km al NE de Coímbra y 50 km al SO de Viseu

Museu Caramulo
✉ Rua Jean Lurçat 42
🌐 www.museu-caramulo.net
🕐 Jul-sep:10-13 h y 14-18 h.
   Oct-jun:10-13 h y 14-17 h.
   Cierre L, excepto en ago
💶 Moderado

▼ Serra do Caramulo.

▲ Catedral de Viseu.

VISEU ✶✶

Viseu es una tranquila capital comarcal rodeada de valles suaves y viñedos. Su principal riqueza es la producción de vinos de denominación de origen Dão, nombre del principal río de la comarca, que es el afluente del Mondego. La ciudad posee un pequeño centro monumental que se concentra alrededor del **Adro da Sé**, la silenciosa plaza en la que se levantan los puntos de interés turísticos más importantes. Un rollo jurisdiccional o picota ocupa el centro de la plaza, que preside la **catedral**. Esta fue construida entre los siglos XIII y XVI, por tanto atesora una mezcla de estilos. Su robusta fachada de torres gemelas tiene forma de retablo renacentista. Realizada en granito gris, los característicos líquenes amarillentos aportan color y solera al templo.

Junto a la catedral, se levanta el **Palacio Episcopal** que hoy alberga el **Museo Grão Vasco**. Sus salas exhiben las pinturas del gran artista local, responsable de la introducción del Renacimiento en la pintura portuguesa y fundador de la "Escuela de Viseu". Gaspar Vaz también tiene aquí una importante muestra de su arte.

La **Praça da República**, un poco más al sur, es un agradable paseo arbolado frente al Ayuntamiento, muy concurrido. Las calles adyacentes, como **Rua Direita** y **dos Andrades,** acogen algunos ejemplos de casas antiguas llenas de melancolía.

La conocida como **Escuela de Viseu** floreció durante el siglo XVI gracias a dos grandes maestros locales: Vasco Fernandes y Gaspar Vaz. Su pintura estuvo muy influida por los primitivos flamencos. El desarrollo de la escuela fue simultáneo a la Escuela de Lisboa, el otro foco artístico importante de pintura portuguesa, a la que Gaspar Vaz perteneció en sus inicios. Ambos autores

✉ 95 km al NE de Coímbra y 80 km al SE de Oporto

ℹ️ Oficina de turismo: Adro da Sé
☎ 232 420 950

Museo Grão Vasco
✉ Adro da Sé
🕐 X-D 10-13 h y 14-18 h, M: 14-18 h
💶 Económico
📞 www.museunacional graovasco.gov.pt

imprimen un carácter local inconfundible a sus paisajes. Vasco Fernandes (1480-1543) se convirtió rápidamente en una leyenda, y cambió su nombre por Grão Vasco (gran Vasco), por el que se le conoce hoy.

▮ PIODÃO   ★★★

Esta pequeña aldea de menos de 150 habitantes de casas de pizarra puede presumir de ser una de las más bonitas de Portugal. Situada en la Serra da Açor, cerca de la Serra da Estrela, pertenece a la red de *Aldeias históricas de Portugal.*

Pasear por sus calles empedradas o visitar el **Museu Etnográfico** y las blancas **Igreja Matriz** y **Capela de São Pedro** hará las maravillas de sus visitantes.

▮ ALDEIAS DO XISTO   ★★

Esta red se creó para promover una serie de pueblos con casas de pizarra, actualmente 27, que se hallan en la región Centro de Portugal, en concreto en las sierras de Lousã y de Açor, Zêzere y Tejo-Ocreza. El gran incendio sufrido en junio de 2017 afectó algunas poblaciones aledañas.

▮ SERRA DA ESTRELA   ★★

El área central de la sierra está protegida bajo la figura de un Parque Nacional, y es realmente una de las zonas con paisaje de montaña más bonitas del país.Para descubrir la Serra da Estrela, existen dos itinerarios en automóvil que se recomienda realizar. Uno desde Manteigas a Gouveia por la N232 (36 km), que asciende un puerto de montaña, y deja en el camino la **Pousada de São Lourenço**, la cual puede ser una excelente base de

✉ 96 km al E de Coímbra
Oficina de turismo: Largo Cónego Manuel Fernandes Nogueira
☎ 235 732 787

Aldeias históricas de Portugal
🖱 www.aldeiashistoricas deportugal.com

🖱 http://aldeiasdoxisto.pt

🖱 Oficina de turismo Regional en Covilhã: Avenida Frei heitor Pinto
☎ 275 319 560

excursiones, paseos e itinerarios por la sierra. La ruta pasa junto a **Cabeça do Velho,** una de las cumbres más altas antes de comenzar el descenso hacia Gouveia.

El otro recorrido se inicia en Covilha y llega hasta Seia por la N339 después de hacer 47 km. Esta ruta pasa junto al pico **Torre** para después descender hacia Sabugueiro, y desde allí hacia Seia, situada en las faldas de Cabeça da Velha. Hay que tener en cuenta que ambos itinerarios atraviesan la sierra y por tanto se trata de carreteras de montaña muy sinuosas. Aproximadamente en un punto intermedio entre los dos, se extiende la curiosidad geológica más interesante de la sierra, el **Vale Glaciário do Zêzere**. Una carretera (N338) recorre este valle de origen glaciar, que se cubre de un manto blanco en invierno, y de multitud de flores silvestres durante la primavera. Desde la N232 hasta la N339 hay unos 15 km, pero en este caso, afortunadamente, sin curvas, ya que el curso alto del río Zézere es una meseta de alta montaña.

▌GUARDA   ✳

Situada en las estribaciones de la Serra da Estrela a más de 1.000 m de altura, Guarda es la ciudad más alta de Portugal. Ceñido por la parte moderna, su interesante núcleo histórico se arremolina en torno al **Largo da Sé.** La **catedral,** una de las más grandes del país, es de estilo gótico con aportaciones renacentistas y manuelinas. La apariencia externa explica el carácter militar de la plaza, sin embargo el interior es airoso y amplio. Cuenta con una portada y ventana manuelinas y del interior destacan el retablo mayor renacentista del siglo XVI –en piedra de Ançá dorado en el siglo XVIII– y la Capela dos

¿Sabías qué...?
La Serra da Estrela es el techo de Portugal. Se trata de la prolongación del Sistema Central peninsular en terreno portugués, la continuación de sierras como la de Gredos o Gata. Torre es el pico más alto que alcanza los 1.993 m sobre el nivel del mar. Una recomendación: probar el *queijo da serra,* un sabroso queso de leche de oveja típico de las aldeas de montaña.

• • • • • • • •

✉ 157 km al NE de Coímbra y
65 km de la frontera española
ℹ Oficina de turismo:
Praça Luís de Camões, 21
☎ 271 205 530
🌐 www.mun-guarda.pt

Pinas, con una bonita tumba gótica decorada con una estatua yacente. Casas señoriales con blasones pueblan las calles del centro. Destaca el **Solar de Alarcão**, preciosa casa solariega en granito convertida en hotel.

El **Museu de Guarda** exhibe hallazgos arqueológicos y pinturas. La **Igreja de São Vicente** (siglo XVIII), situada al norte de la catedral, posee hermosos paneles murales de azulejos portugueses.

I BELMONTE   ✳

30 km al S de Guarda

Oficina de turismo: Largo do Brasil Castelo de Belmonte
275 088 698

La historia de Belmonte está unida a su comunidad judía, aún hoy la más numerosa de Portugal. Tras el edicto de expulsión en 1497, promulgado por el rey Manuel I a petición de los Reyes Católicos españoles como condición para casar a su hija con el monarca portugués, muchos salieron hacia el norte de África o el Mediterráneo oriental, pero en Belmonte se refugiaron un gran número de conversos que siguieron practicando en secreto su credo judío.

Enmarcada por las estribaciones de la Serra da Estrela a 600 m de altura, su **castillo** (siglos XIII y XIV) se distingue desde la lejanía alzándose sobre el caserío. Esta pequeña localidad serrana es conocida por ser el feudo de los Cabral, noble familia portuguesa cuyo representante más conocido fue el descubridor de Brasil en 1500, Pedro Alvares Cabral, cuya estatua preside la plaza de la villa. En la nueva iglesia parroquial (1940) se conserva una imagen de la Virgen de la Esperanza que según la tradición lo acompañó en el viaje. Próxima al castillo, la **Capela dos Cabrais** construida junto a la iglesia de São Tiago, cobija el panteón de esta familia ilustre.

El monumento romano denominado **Centum Cellas** que se conserva a las afueras de la ciudad (4 km al norte). Una torre edificada con bloques de granito de la que no se conocen con certeza su uso y funciones.

I MONSANTO   ✳✳

50 km al NE de Castelo Branco

Oficina de turismo: Rua Marquês da Graciosa
277 314 642

Fortaleza inexpugnable propiedad de templarios en la Edad Media, se erige en una peña rocosa a 758 m, dominando el territorio de la Serra da Estrela al valle del Tajo y la frontera española por el oeste y el sur. Las casas se camuflan entre la pedriza distinguiéndose solo sus tejados rojos, los grandes bloques de granito que esparcidos por la peña hacen las veces de paredes maestras, muros o divisorias, marcan un escenario extraordinario y llamativo. Las calles del pueblo conservan el encanto rural con una rara mezcla de nobleza (blasones y ventanas geminadas que decoran las fachadas) y aire popular. Desde las ruinas del **castillo** las vistas son espléndidas.

CASTELO BRANCO ✱

La ciudad más importante de la Beira Baixa está coronada por las ruinas de un antiguo castillo templario que oteaba sobre una extensa comarca entre la Serra da Estrela y el profundo valle del Tajo.

Su principal atractivo turístico es el sorprendente **Jardim do Antigo Paço Episcopal**. El conjunto lo forman parterres de boj, estanques, tapias decoradas con azulejos y balaustradas, pero sobre todo una pléyade de estatuas, que representan a apóstoles, profetas, virtudes y al conjunto de los reyes de Portugal. Construido en el siglo XVIII por el obispo João de Mendoça, dan la bienvenida al casco urbano desde el norte. El Palacio Episcopal (siglo XVII) alberga el **Museu Francisco Tavares** con pinturas, arqueología, tapices y bordados de seda.

Unos pasos más hacia el centro, os toparéis con el **Cruzeiro de São João,** cruz manuelina de columna torsa, frente a la plaza homónima. Otro punto de interés es el **Convento da Graça,** con un interesante museo de arte sacro.

Esta acogedora población de interior alberga desde 2005 el **Museu Cargaleiro**, dedicado a la muy recomendable obra del importante pintor y ceramista Manuel Cargaleiro.

✉ 100 km al S de Guarda y 225 km al NE de Lisboa
ℹ Oficina de turismo: Av. Nuno Álvares, 30
☎ 272 330 339
🌐 www.cm-castelobranco.pt

Museu Cargaleiro
✉ Rua dos Cavaleiros, 23
☎ 272 337 394
🕐 M-D: 10-13 h y 14-18 h
🌐 www.fundacaomanuel-cargaleiro.pt

▼ Vista de las calles de Monsanto, conocida como la adela de piedra.

UN PASEO EN COCHE

Por los castillos de Frontera

Distancia
150 km

Duración
Todo el día

Punto de inicio
Frontera española Fuentes de Oñoro-Vilar Formoso

Punto de llegada
Monsanto

Comida
Restaurante Dom Sancho
Largo Corro Sortelha
Sortelha
☎ 271 388 267

▎Esta ruta recorre de norte a sur la parte fronteriza de las Beiras con Castilla, visitando las fortalezas y castillos que fueron construidos para defender el territorio frente a la amenaza castellana y española.

La ruta comienza en la frontera hispano-portuguesa de Fuentes de Oñoro-Vilar Formoso. La N332 se desvía poco después de entrar en Portugal hasta Almeida (a 15 km).

▎**Almeida** posee una de las fortalezas en estrella mejor conservadas de la frontera. Un centro de interpretación explica su función, su construcción (siglo XVII) y las distintas fortalezas que conformaban el sistema defensivo de la frontera castellana.

Tomad la N340 y 10 km más adelante continuad por la N324. Hay que seguir en dirección sur hasta Sabugal (a 54 km).

▎**Sabugal** posee un ejemplo excelente de castillo medieval (siglo XIII). Esquinado con torres cuadradas, con doble recinto almenado posee una esbelta torre del homenaje pentagonal con matacanes.

A la salida de la ciudad se coge la carretera comarcal en dirección a Sortelha (a 12 km).

▎**Sortelha** es un bello recinto amurallado (siglo XII), aupado en una colina que domina el alto valle del Zêzere. Las vistas desde el camino de ronda son impresionantes. El pacífico y apartado pueblecito sorprende por su encanto

▼ Castillo medieval de Sortelha.

▲ Torre de la fortaleza medieval de Penamacor. A la izda., vecinos de Idanha-a-Velha.

y estado de conservación. Una picota manuelina, calles enlosadas de granito y un conjunto de casas típicas, salpicadas por barruecos, conforman el alargado conjunto fortificado.

Continuad por la comarcal dirección oeste (6 km) y tomad la N18-3 hacia Terreiro das Bruxas (7 km) para después girar a la derecha por la N233 hasta Penamacor (a 24 km).

▌Tranquila y apacible, **Penamacor** está coronada, como es habitual, por un castillo medieval.

Conserva ejemplos de arquitectura tradicional en su pequeño casco histórico. La **Igreja da Misericórdia** (siglo XVI) posee un pórtico manuelino y decoración dorada en su interior. También el **Convento de São António** tiene una capilla con techos y tribunas doradas.

▌A continuación se sigue camino hacia el sur por la N332 hasta **Idanha-a-Velha** (a 23 km).

Idanha-a-Velha es una aldea que no llega a los 100 habitantes, que sin embargo encierra trazas de muchos capítulos de la historia de Portugal. Fue villa romana en el camino que unía Mérida y Braga, sede episcopal paleocristiana y lugar de nacimiento del rey godo Wamba, plaza mora y fortaleza templaria. Un paseo guiado la convierte en un museo al aire libre, donde se puede admirar testimonios de distintas épocas. En el centro del pueblo se levanta la **iglesia parroquial** (siglo XVI) y una **picota** del siglo XVIII.

▌Se vuelve sobre sus pasos por la N332 (unos 6 km) para después girar a la derecha por una comarcal que remonta la peña hasta el pueblo de Monsanto (a 7 km).

Monsanto (▶62) es el final de la ruta. No dejaremos de visitar su fortaleza y casas de piedra.

Lisboa y
el centro

El centro de Portugal está compuesto por dos regiones de gran raigambre –la Estremadura y el Ribatejo– y el área metropolitana de Lisboa. Esta estrecha franja de territorio que se extiende 150 km de norte a sur y de apenas 50 km de ancho concentra un increíble patrimonio y riqueza monumental. Estremadura es el corazón del país, con una costa rocosa y un paisaje de suaves colinas y pequeñas llanuras sobre las que se asientan importantes localidades históricas. Ribatejo posee las tierras más fértiles, los campos más productivos y la ganadería más rica. Por último, la ciudad de Lisboa, una de las grandes capitales europeas. Su emplazamiento natural sobre colinas, junto a un bellísimo estuario, su carácter acogedor y el encanto de sus barrios empedrados capturan y envuelven al viajero que siempre queda con ganas de volver.

▎Lisboa

La capital de la nación es una bellísima ciudad llena de rincones con encanto y con un atractivo aire de decadencia. Abierta al mar y al mundo en el majestuoso estuario del Tajo, su emplazamiento sobre colinas costeras le proporciona una gran belleza.

La ciudad de Lisboa se distribuye en distintos barrios con unas personalidades propias muy marcadas. Así **Alfama** es el barrio de pescadores y cantantes de fado, origen histórico de la urbe, y lo configuran empinadas calles laberínticas que bajan desde el castillo de São Jorge al mar. En claro contraste, el barrio de la **Baixa** sigue un

◄ Elevador de Santa Justa.

▼ Vista de la Praça do Rossio y abajo, el famoso tranvía 28 de Lisboa.

trazado de damero con calles rectas y perpendiculares, plazas y anchas avenidas. Fue levantado sobre los escombros del dramático terremoto de 1755, y hoy aloja bancos, sedes administrativas del gobierno y comercio.

El **Bairro Alto** es el barrio bohemio, donde se podrá disfrutar de restaurantes, bares y anticuarios. Entre los dos anteriores, el **Chiado,** a pesar del terrible incendio que sufrió en 1988, sigue siendo la zona de la ciudad donde se reproducen elegantes *boutiques* de moda y tiendas de marcas internacionales.

Alejado del centro, aunque fácilmente accesible en transporte público, se sitúa el barrio de **Belém** que fue en su día una localidad independiente. Situada en la entrada marina del estuario, durante siglos fue la referencia portuaria de la capital, desde donde partían y regresaban las expediciones marítimas portuguesas.

LISBOA

Map labels:

R. Joaquim A. de Aguilar
Praça Marquês de Pombal
ROTUNDA
R. Luciano Cordeiro
Rua Castilho
Rua Braamcamp
Rua Palmela
R. Mouzinho
Rua Rodrigo da Fonseca
Rodrigo da Fonseca
Rua Alexandre Herculano
Santa Marta
R. da Fonseca
Rua
Rosa Silveira
Avenida da Liberdade
Salgueiro
Sampaio
Rua Rodrigues
T. Sta. Marta
Rua do Passadiço
Sto. António Ca

A

R. de S. Filipe N
R. Araújo
Rua Castilho
Barata
RATO
Largo do Rato
Rua
do
Salitre
AVENIDA
Avenida da Liberdade
R. de S. José
R. da Fé
Moin Vento
São Mamede
R. Nova S. Mamede
Jardim Botânico
Rua da Escola Politécnica
Faculdade de Ciências
Praça da Alegria
Rua da Alegria
Rua da Glória
Porta Sto
Fu de

B

R. Arco S. Mamede da
R. da Imprensa Nacional
R. M. Portugal
S. Marçal
Praça do Príncipe Real
R. Conceição da Glória
Rua D. Pedro V
R. Palmeira a Real
Rua da Rosa
Calçada da Glória
Palácio Foz
i
Praça Restaura
Estação do Ros
R

C

R. S. Bento
R. Nova da Piedade
R. Palmeira a Real
R. Academia das Ciências
Assembleia Nacional
Academia das Ciências (Museu)
Bairro Alto
R. Cruz dos Poiais
Rua do Século
R. S. Pedro de Alcântara
Istituto do Vinho do Porto
São Roque
Largo Trindade Coelho
Praça de S. Bento
R. da Queimada
Tr. da Queimada
Rua das Gáveas
Rua do Diário de Notícias
Rua da Atalaia
Rua da Rosa
Rua do Norte
Rua da Misericórdia
R. Nova da Trindade
R. Trindad
Loreto
d

R. Franceezinhas
Rua dos Poiais de S. Bento
Calçada do Combro
R. do Loreto
Largo L. Camões
Chiado
Rua
Calçada da Bica
Encarnação
Rua do Alecrim
Serpa
Teatro São Carlos
Pinto
C

D

Avenida Dom Carlos I
Rua de S. Bento
Rua do Poço dos Negros
C. Marqués de Abrantes
Rua da Boavista
Rua de S. Paulo
Museu Arte Contemporânea
Rua Vitor Co
R

Rua Dom Luis I
Rua da Moeda
São Paulo
Praça D. Luis I
Mercado da Ribeira
R. Costa
R

a Belém y Ajuda
Avenida Vinte e Quatro de Julho
CAIS DO SODRÉ
Estação do Cais do Sodré
Praça Duque da Terceira
Av

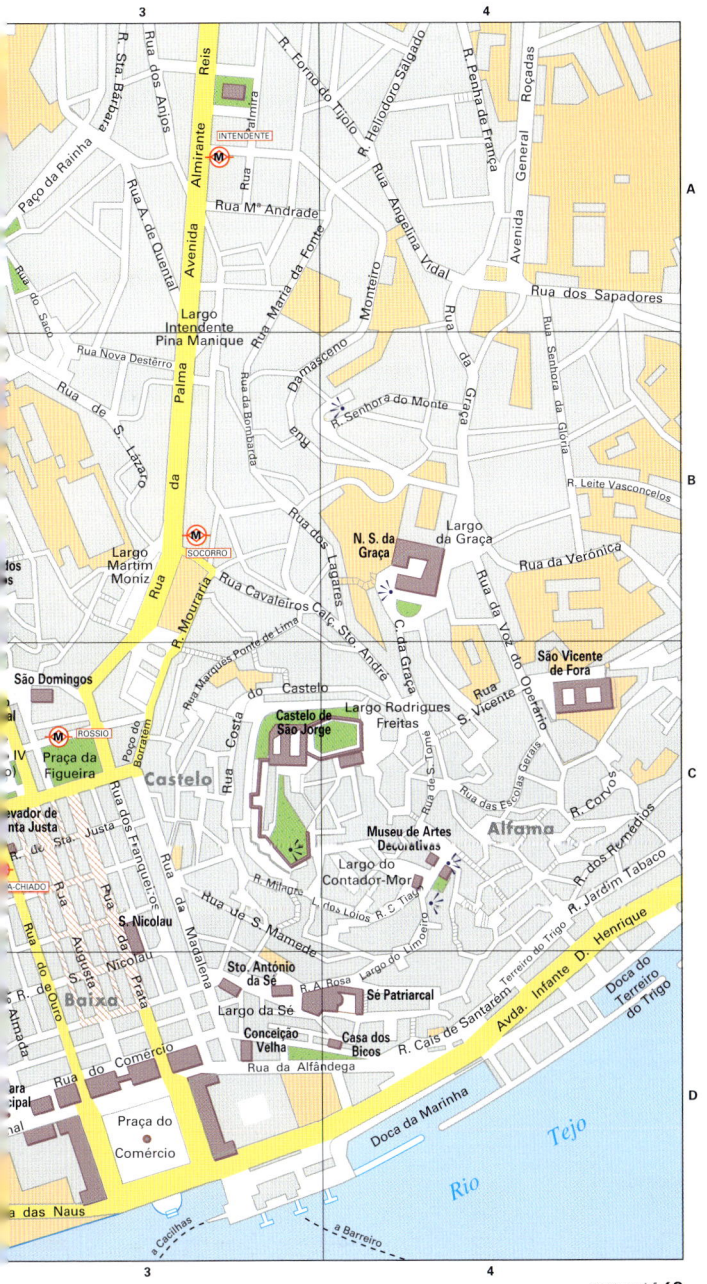

LO QUE HAY QUE VER EN EL CENTRO

❚ CASTELO DE SÃO JORGE ⋆⋆

El castillo se alza sobre la colina primigenia de *Olisipo* (Lisboa). Los cimientos son visigodos del siglo v, los árabes remodelaron la fortaleza en el siglo ix, y Afonso henriques, tras su reconquista (1147), inició obras de reconstrucción que se alargarían hasta el siglo xv.

Los bellos jardines intramuros son fruto de la restauración de 1938. Las vistas de la ciudad y del *Mar de Paja* –estuario del Tajo– son preciosas.

❚ ALFAMA ⋆⋆

Es el barrio del *fado,* de la tradición y del pasado musulmán. Un barrio humilde que se esparce desde el castillo a la costa, en callejuelas estrechas empedradas con gran pendiente, salpicadas de capillas e iglesias aquí y allá.

Además de oír el fado en un restaurante o un concierto, la mejor manera de conocer la historia de este estilo musical que enorgullece a tantos lisboetas y portugueses es visitando el **Museu do Fado,** en el corazón de Alfama.

❚ SÉ (CATEDRAL) ⋆⋆

Al igual que las de Oporto, Coímbra o Évora, la catedral de Lisboa también tiene aspecto de fortaleza. De robusto aspecto románico con macizas torres gemelas en la fachada y almenada, cumplió funciones defensivas

---

📖 69, C3-4
✉ Rua de Santa Cruz
🕐 Mar-oct 9-21 h
Nov-feb: 9-18 h
🔗 http://castelodesaojorge.pt
📷 737
🚊 Tranvía 12 y 28

📖 69, C4

Museu do Fado
✉ Largo Chafariz de Dentro
☎ 218 823 470
🕐 M-D: 10-18 h
🔗 www.museudofado.pt

📖 69, D3
✉ Largo da Sé
🕐 Se recomienda consultar el horario en www.sedelisboa.pt
💶 Iglesia: gratis. Claustro y tesoro: 5 €

en tiempos en los que era la frontera cristiana de la *Estremadura* portuguesa. Iniciada tras la reconquista por Alfonso I, sucesivas modificaciones a lo largo de la historia la han convertido en un compendio de estilos. En su interior sombrío descansan los sepulcros de algunos arzobispos de Lisboa. También se guardan aquí un precioso Belén barroco y un órgano del siglo XVII. Contiene un amplio claustro data del siglo XIII.

La sacristía alberga un interesante museo de arte sacro, el **Museu do Tesouro da Sé**, que posee valiosas piezas de orfebrería y el cofre de nácar con las reliquias de San Vicente.

MUSEU DO ALJUBE ✱✱✱
A uno pasos de la catedral, este museo abierto en 2015 recoge el legado dejado por la dictadura: torturas, censura, clandestinidad y resistencia. Imprescindible para conocer la oscura época del Estado Novo en nuestro país vecino.

69, D4
Rua Augusto Rosa, 42
215 818 535
M-D: 10-18 h
www.museudoaljube.pt

MUSEO DE MUDE ✱
En la céntrica Rua Augusta, a unos pasos de la Praça do Comércio, se encuentra el MUDE, Museu Do Design E Da Moda y como su nombre indica museo está dedicado a al diseño y la moda. En estos momentos se encuentra cerrado por obras de remodelación.

69, D3
Rua Augusta, 24
218 171 892
www.mude.pt

PRAÇA DO COMÉRCIO ✱✱
También se la conoce como **Terreiro do Paço,** porque se diseñó sobre los terrenos que ocupaba el antiguo Palacio Real *(paço)* hasta 1755, cuando el terremoto derribó su estructura se construyó la más grandiosa y teatral de las plazas de Lisboa. Sus dimensiones son 190 m de largo por 170 m de ancho. Mira al estuario por uno de sus lados abierto.

Mientras que los edificios neoclásicos que la rodean son en su mayor parte dependencias gubernamentales. En el centro se alza la estatua ecuestre del rey José I. Un arco neobarroco del siglo XIX sobre la *Rua Augusta* completa el escenario.

69, D3

PRAÇA DA FIGUEIRA ✱
En el lugar ocupado por el antiguo mercado da Figueira esta plaza, que mira hacia el castillo de São Jorge, es parada final para multitud de líneas de tranvía y autobús. En el centro se ubica la estatua ecuestre del rey João IV.

69, C3

PRAÇA DO ROSSIO ✱✱
Centro de la actividad social de la capital, esta bonita plaza está presidida por la esbelta columna sobre la que

69, C3

◄ El tranvía 28 a su paso por la catedral.

UN PASEO A PIE

Por el centro de Lisboa

▲ Las ruinas do Carmo y el elevador de Santa Justa son puntos obligados de visita.

Distancia
5 km

Duración
Media jornada

Punto de inicio
Praça do Rossio

Punto de llegada
Praça do Rossio

❚ Comience el paseo en la Praça do Rossio, verdadero centro neurálgico de Lisboa.

La popular **Praça do Rossio**, oficialmente de Pedro IV, está siempre muy frecuentada. Quioscos de flores, de *souvenirs*, tiendas y, cerrando su lado norte, el teatro Dona Maria II.

❚ Justo a su lado, la contigua **Praça da Figueira** ocupa el espacio de un antiguo mercado. En el centro la estatua del rey João IV. En lo alto se pueden divisar las murallas del Castillo de San Jorge.

Regrese al Rossio, y busque en la esquina occidental la Rua do Carmo, una rampa de subida y acceso hacia el Chiado. A pocos metros encontrara el **Elevador de Santa Justa**. Suba hasta la terraza superior para disfrutar de unas vistas espectaculares de Lisboa. Diríjase a través de la pasarela hacia el Largo do Carmo.

❚ La **Igreja do Carmo** está tal y como quedó tras el terremoto de 1755. Se puede visitar. Las calles adyacentes son muy tranquilas y sorprende estar en medio de la capital. Tome a la izquierda la Rua da Condessa para, pocos metros más adelante, encontrarse con la Rua Garret, en pleno corazón del barrio comercial del **Chiado**. En una de las zonas peatonales, encontrará el precioso **Café A Brasileira**, centro de reunión de los círculos literarios lisboetas durante décadas.

Tome el tranvía 28 que desde el Largo de Camões le llevará, realizando un itinerario turístico, desde el Bairro Alto hasta el **Castelo de São Jorge.**

❚ Visite el castillo y admire las preciosas vistas de la ciudad y su estuario. Descienda por el mirador de Santa Luzía, hasta alcanzar la catedral.

El descenso se completa llegando hasta la **Praça do Comércio**. La mayor de las plazas lisboetas se abre al mar en el lugar que ocupara el antiguo Palacio Real antes de su destrucción por el gran terremoto de 1755. La estatua ecuestre de José I en el centro mira hacia el Arco de Triunfo del siglo XIX que se levanta sobre la Rua Augusta.

❚ Pase por debajo del Arco y camine por la Rua Augusta hasta el final. Habrá regresado a nuestro punto de partida en la Praça do Rossio.

Esta calle peatonal es el verdadero centro de "**La Baixa**", corazón de la capital portuguesa. Aquí se mezclan turistas y locales, músicos ambulantes, estatuas humanas, vendedores de flores y de lotería dando vida a sus terrazas y comercios.

otea la estatua del rey Pedro IV –también conocida como Praça Dom Pedro IV– primer emperador de Brasil. El **Teatro Dona Maria II** cierra la plaza por el norte. Muy cerca, la **estación de ferrocarril de Rossio** posee una llamativa fachada neomanuelina del siglo XIX.

▎ PRAÇA DOS RESTAURADORES ✳

Al norte de la plaza del Rossio, se abre un espacio que alberga una amplia plaza que está dedicada a los restauradores de la independencia portuguesa respecto de la Corona Española, tras las guerras desarrolladas entre 1640 y 1668.

A continuación de la plaza la **Avenida da Liberdade** es un elegante bulevar con grandes árboles que une la Lisboa histórica con la ciudad moderna, construida más allá de la **Praça Marquês de Pombal**.

La cuesta llamada **Calçada da Glória,** situada en el extremo noroeste de la plaza, está provista de un funicular que sube hasta el **Miradouro de São Pedro de Alcântara,** dentro de unos jardines, ya situados en el Bairro Alto.

▲ La Praça do Comercio rodeada de edificios neoclásicos. Abajo, estatua de Marquês de Pombal.

◔ B2

🕐 69, C-D2-3

MNAC
✉ R. Serpa Pinto, 4
☎ 21 343 2148
🕐 M-D: 10-18 h
🌐 www.museuarte-
  contemporanea.gov.pt

🕐 68, C1-2

🕐 C2

Museu de São Roque
✉ Igreja de São Roque
☎ 213 235 065
🕐 M-D: 10-19 h
🌐 www.museusaoroque.scml.pt

▌CHIADO　　　　　　　　　　　✳

Es el barrio comercial por excelencia. Se extiende entre la Baixa y el Bairro Alto. La cuesta de la Rua do Carmo lleva directamente hasta los **Armazéns do Chiado**, un histórico centro comercial.

Además de los comercios, otro atractivo de este barrio es el **Museu Nacional de Arte Contemporânea do Chiado (MNAC),** abierto hace más de un siglo.

▌BAIRRO ALTO　　　　　　　✳✳

Este barrio bohemio está lleno de restaurantes y bares. Sus calles se llenan por las noches de gente joven. La **Praça Luis de Camões**, dedicada al prestigiado literato luso, sirve de referencia y punto de encuentro. Las ruinas de la **Igreja do Carmo**, y la Igreja de São Roque con su **Museu de Arte Sacra** merecen hacer un alto en el camino y acercarse hasta estos monumentos principales.

FUERA DEL CENTRO DE LISBOA

I MUSEU CALOUSTE GULBENKIAN ★★★

El sorprendente Museo Gulbenkian exhibe lo que fue una de las colecciones de arte privado más completas y variadas del mundo. Calouste Gulbekian fue un magnate del petróleo de principios de siglo xx que invirtió su dinero en comprar acciones hasta hacerse con el cinco por ciento de las explotaciones de crudo de Irak. Con el incremento del consumo y la dependencia progresiva del oro negro, llegó a acumular una gigantesca fortuna. Este armenio de nacimiento, que estudió en Londres, en 1942 se instaló en el Portugal neutral, considerándolo como su país de adopción. Cuando murió en 1955 donó todo su legado y dinero a una fundación dedicada al desarrollo artístico, científico y a la educación. El museo abrió sus puertas en 1969 para mostrar las espléndidas colecciones que había logrado reunir en vida.

Se divide en siete grandes áreas: antigüedades egipcias, antigüedades clásicas, arte islámico, arte oriental, artes decorativas y muebles, pintura y escultura. Todas ellas poseen piezas únicas de gran valor. El museo cuenta además con una parte dedicada a las *"Colecciones Menores"* en las que muestra joyas *art noveau*, cerámicas, trabajos de orfebrería, encuadernaciones y otras muestras artísticas menos catalogadas.

En 1983, la fundación inauguró el **Centro de Arte Moderna** que completa la exposición artística con las aportaciones de arte moderno y contemporáneo.

I MUSEU DE ARTE ANTIGA ★★★

Posiblemente la mejor pinacoteca del país. Posee una extensa colección de **primitivos portugueses** procedentes de retablos, cuadros de diversos autores, orfebrería, platería y una interesantísima colección de **biombos japoneses**. El arte oriental está muy bien representado, fruto de las intensas relaciones comerciales que mantuvo Portugal a lo largo de siglos con el Extremo Oriente.

I PUENTE 25 DE ABRIL ★★

El puente colgante que une ambas orillas del Tajo es uno de los mayores de Europa con 2 km de estructura de acero. Fue construido en el año 1960, pero tomó su nombre de la fecha de la restauración de la democracia en Portugal, tras la Revolución de los Claveles el 25 de abril de 1974.

I CRISTO REI ★

El monumento, terminado en 1959, se alza sobre una colina desde la que se divisan estupendas vistas de la ciudad de Lisboa y su estuario. La estatua, copia de la

✉ Av. de Berna 45A
🕐 10-18 h. Cierra martes
🌐 www.gulbenkian.pt
🚌 713, 716, 726, 742, 746, 756
🚇 S. Sebastião, Praça de Espanha
💶 Económico. Domingo gratis

▲ Detalle de *Las tentaciones de San Antonio* de El Bosco en el Museu de Arte Antiga.

✉ Rua das Janelas Verdes
🕐 M-D: 10-18 h
🌐 www.museudearteantiga.pt
💶 Moderado
🚌 Por Avenida 24 de Julho: 728, 732, 760. Por Rua das Janelas Verdes: 713, 714, 727
🚋 Tranvías por Avenida 24 de Julho: 15E y 18E. Por Largo de Santos: 25E

◄ Fachada del Museu Calouste Gulbenkian y retrato de Madame Monet.

LO QUE HAY QUE SABER

Si solo dispone de unos días o incluso unas horas, estas son algunas sugerencias para capturar la esencia y disfrutar al máximo de la estancia en Portugal.

10 fórmulas para relacionarse con la gente

✓ **Tomarse las cosas con calma.** Tenga paciencia. A menudo las cosas van despacio en Portugal y el tiempo pasa más lento, especialmente en las terrazas y restaurantes, donde el servicio si bien es correcto y amable, suele demorarse.

✓ Aprenda algunas **expresiones en portugués.** Son fáciles y suelen ser muy agradecidas. Utilice el saludo de cortesía al entrar y salir de los establecimientos: *Bom dia* (por las mañanas); *Boa tarde* y *Boa noite*.

✓ **Salude siempre con un apretón de manos.** Reserve los besos en las mejillas solo para cuando ya conozca a las personas y tenga algo de confianza.

✓ **Relájese en una terraza,** con un café o un aperitivo.

✓ **Sea respetuoso en la forma de vestir,** cuando visite iglesias y monasterios.

✓ **Evite comparaciones** con España, cuando estime que puedan molestar o ser susceptibles de tocar la sensibilidad portuguesa, celosa de sus diferencias con respecto a su vecino ibérico.

✓ Interésese por la **historia de Portugal,** especialmente su expansión oceánica como potencia marítima y colonial.

✓ Infórmese un poco sobre el **fútbol portugués, es junto al tiempo, la mejor forma de romper el hielo.**

✓ **Sea prudente** con la situación política del país.

✓ **Vaya a un mercado** de compras. Anímese a preguntar los productos locales, siempre se acaba uno entendiendo, agradecen el interés y son muy cordiales.

10 mejores playas

✓ **Camarida,** en Caminha, junto a la desembocadura del Miño (Minho).

✓ **Cabedelo,** en Viana do Castelo (Minho).

✓ **Ofir,** en Fão (Braga).

✓ **Palheiros de Quiaios,** al norte de Figueira da Foz (Beiras).

✓ **São Martinho do Porto,** entre Nazaré y Óbidos.

✓ **Guincho,** entre el Cabo da Roca y Cascais.

✓ **Portinho da Arrábida,** entre Setúbal y Sesimbra (Estremadura).

✓ **Playa de Zambujeira do Mar** (Alentejo).

✓ **Praia de Arrifana** (Algarve).

✓ **Praia do Camilo,** en Lagos (Algarve).

10 mejores visitas

✓ Atravesar el Puente Dom Luis I y subir a la Torre dos Clérigos en Oporto.

✓ Subir al Santuario do Bom Jesus de Braga.

✓ Visita del Solar de Mateus, en Vila Real.

✓ Visita del Monasterio de Tomar

✓ Visita del Monasterio de Batalha.

✓ Paseo por las Murallas de Óbidos.

✓ La Torre de Belém en Lisboa.
✓ Pasear por las calles de Monsaraz (Alentejo) y subir a su castillo.
✓ En Lagos, conocer la Ponta da Piedade, sus playas y acantilados.
✓ Los tres cabos más emblemáticos: Cabo da Roca, Cabo Espichel y Cabo de São Vicente.

5 consejos útiles

✓ **Correos.** Mandar una postal cuesta 1,20 €, los sellos se compran en oficinas de correos y en máquinas automáticas emplazadas por lo general a su entrada. Hay buzones rojos para enviarlas por todas partes.
✓ Para llamar a España por **teléfono** hay que marcar el prefijo de país (+34).
✓ **Cajeros y pagos con tarjeta:** Como en España, la mayor parte de las tarjetas aceptadas en casi todos los comercios. Hay bastantes cajeros, menos en los pueblos pequeños.
✓ **Propinas,** no las esperan y se redondea cifras.

A mayor precio y lujo, más expectativas de propina, que puede llegar a estar estimada alrededor del 10% del importe en lugares especialmente caros.
✓ **En la maleta.** Si se va en verano o primavera, no olvidar gafas de sol, sombrero o gorra, crema de sol y ropa ligera. Camisetas, pantalón corto y ropa de algodón son los reyes, y por supuesto bañador. Por el contrario si el viaje es en invierno, aunque las temperaturas no son extremas, es conveniente llevar un paraguas porque las precipitaciones son abundantes, especialmente en el norte.

10 ideas para regalar

✓ Mantelerías o Juegos de cama, bordados y artículos de ganchillo.
✓ Sombreros de paja o esparto, alpargatas y cestos para hacer la compra, de diversas formas y colores.
✓ Bolsos o zapatos hechos a mano.

✓ Cerámica decorada, cuencos, platos...
✓ Artículos de corcho, de uso práctico o decorativo.
✓ Dulces de almendra y miel.
✓ Licores de café o de madroño, como el *medronho* típico del Algarve.
✓ *Vinho verde*. El vino joven típicamente portugués.
✓ Vino de Oporto. En sus distintas variedades y precios.
✓ Ramilletes de hierbas aromáticas, para decorar, cocinar o perfumar los armarios.

de Río de Janeiro, tiene 28 m de altura. El pedestal sobre el que se sostiene alcanza una altura de 75 m y en sus pilares alberga un santuario religioso. Se puede llegar en coche por el puente 25 de abril, o en transporte público, cogiendo un ferri a Cacilhas y allí un autobús urbano.

▌ PARQUE DAS NAÇÕES ★★

Las instalaciones donde tuvo lugar la Exposición Universal de 1998 se reconvirtieron en parte en oficinas y viviendas. La plaza central continúa siendo un espacio destinado a la cultura y en torno a ella, se levanta el **Auditorio** y el estanque central, en medio del cual se encuentra el **Oceánario de Lisboa**. Esta atracción abierta para la Expo aloja acuarios dedicados a los diferentes mares del mundo con sus ecosistemas y especies propias. El tanque central es el más grande de Europa.

Desde la explanada, se distingue en el horizonte el larguísimo **Puente Vasco de Gama** construido igualmente para la Expo. Cruza el estuario del Tajo, se extien-

Oceánário

✉ Doca dos Olivais
🕐 Abr-oct:10-20 h; nov-mar:10-19 h
💻 www.oceanario.pt
🚇 Estación de Oriente
🚌 26B, 728, 208, 210, 705, 708, 725, 744
💾 Caro

▲ La Torre Vasco da Gama y al lado, el futurista centro comercial.

de sobre una plataforma de 17 km de longitud, y su arco central es de 420 m. Otro de los hitos arquitectónicos de la Expo es la **Estação de Oriente,** obra del arquitecto valenciano Santiago Calatrava.

▌ MUSEU NACIONAL DO AZULEJO ★★

Este museo estatal tiene la misión de coleccionar, conservar, estudiar y divulgar ejemplares representativos de la cerámica en Portugal, especialmente de los azulejos.

✉ Rua da Madre de Deus, 4
☎ 218 100 340
🕐 M-D: 10-18 h
💻 www.museudoazulejo.gov.pt

▌ MAAT ★

Inaugurado en 2016, el **Museu de Arte, Arquitectura e Tecnologia** es una nueva propuesta cultural para la ciudad. Un espacio interdisciplinario a la orilla del Tajo, que aprovecha la instalaciones de la **Fundação EDP** (antiguo Museu da Electricidade) y añade un osado edificio de factura contemporánea.

✉ Av. Brasília, Central Tejo
☎ 210 028 130
🕐 10-19 h. Cierra martes
💻 www.maat.pt

MUSEU DO ORIENTE ★★

Con una programación cultural muy dinámica, este museo expone las relaciones entre las culturas asiáticas y Portugal fruto de los viajes marítimos de los lusos a lo largo de su historia.

✉ Av. Brasília, 352
☎ 21 358 5200
⏰ M-D: 10-18 h
🌐 www.foriente.pt

EL BARRIO DE BELÉM

TORRE DE BELÉM ★★★

Esta fortaleza del siglo XVI erigida a la entrada del puerto constituye todo un símbolo de Lisboa. La elegante torre se levantó para defender el estuario. El terremoto de 1755 modificó las orillas y la torre quedó como varada en su orilla, aunque se construyó en tierra firme. Se hizo entre 1515 y 1519 y su arquitecto, Francisco de Arruda, la decoró con motivos manuelinos tan del gusto de la época de las exploraciones y descubrimientos. Sus formas exóticas evocan las logias venecianas y las cúpulas de las costas africanas.

⏰ M-D: oct-abr: 9-17.30 h;
    may-sep: 9.30-18.30 h
🌐 www.visitlisboa.com
🚌 727, 28, 729, 714 y 751
🚋 Tranvía 15
💶 Moderado

Durante un tiempo se utilizó como prisión, y las estancias inferiores se usaron como mazmorras, donde eran arrojados los presos. En las salas superiores, destacan los motivos decorativos con escudos, ventanas geminadas y balcones. En la visita se puede acceder hasta la terraza para contemplar las preciosas vistas.

▲ El Museo de Arte, Arquitectura e Tecnologia (MAAT) se ubica a orillas del río Tajo.

MUSEU NACIONAL DE ARQUEOLOGIA ★

Instalado en el monasterio de los Jerónimos, este museo del Estado muestra la historia del país a través de un fondo arqueológico impresionante. En el cierre de esta edición estaba cerrado temporalmente. Está previsto que abra en 2026.

✉ Praça do Império
☎ 213 620 000
⏰ M-D: 10-18 h
🌐 www.museunacional
    arqueologia.gov.pt

PADRÃO DOS DESCOBRIMENTOS ★★

El monumento o *hito* a los descubrimientos fue erigido en 1960 para conmemorar el quinto centenario de la

✉ Av. Brasília
⏰ Mar-sep: todos los días,
    10-19 h Oct-feb: 10-18 h
🌐 padraodosdescobrimentos.pt
🚌 714 , 727, 728, 729 y 751
🚋 Tranvía 15
💶 Económico

▶ La Torre de Belém, constituye uno de los ejemplos más representativos de la arquitectura manuelina.

muerte de Enrique el Navegante, padre de la exploración marítima portuguesa de ultramar. Se alza frente al mar, delante de una explanada en cuyo suelo se dibuja un mapamundi con las derrotas de los marinos portugueses. Los nombres de los descubridores y las fechas de llegada a los distintos puntos geográficos de todos los continentes están marcadas minuciosamente. El monumento asemeja una gran proa de un barco que zarpa surcando las aguas del estuario del Tajo.

Al frente la estatua de Enrique el Navegante, flanqueada a ambos lados por ilustres descubridores, marinos, misioneros y reyes, como Manuel I, a quien se le distingue por llevar en la mano la característica esfera armilar.

Se puede acceder a la terraza en ascensor. Desde la plataforma se observan hermosas vistas del estuario, el puente 25 de abril, la Torre de Belém y, hacia tierra, el monasterio de los Jerónimos.

I MOSTEIRO DOS JERÓNIMOS (▶20) ✱✱✱

I MUSEU DA MARINHA ✱✱

Este entretenido museo expone mapas, documentos, instrumentos de navegación y todo tipo de objetos relacionados con la exploración marítima. Los carteles divulgativos explican los motivos que llevaron a Portugal a convertirse en una gran potencia naval y comercial, cómo sus naves extendieron las fronteras del mundo occidental más allá del cabo de Buena Esperanza hasta India y el lejano Oriente, y las repercusiones comerciales y culturales para Europa y el mundo.

Un conjunto de maquetas de barcos, desde las genuinas carabelas, responsables del avance tecnológico en la era de los descubrimientos, hasta los primeros buques de hierro o transatlánticos del siglo xx, pasando por *clippers* y veleros de varias épocas, completan la colección.

✉ Praça do Império
◷ M-D: 10-18 h. Oct-abr: hasta 17 h
🔗 http://cmm.marinha.pt
🚌 714, 727, 28, 729, 751 y 201
🚋 Tranvía 15
💶 Moderado

I MUSEU NACIONAL DOS COCHES ✱✱

Renovado recientemente, recoge una de las mejores colecciones del mundo de carruajes de tiro. Fundado por la reina Amelia en 1904, atesora carrozas, berlinas, literas y vehículos de otros tipos y estilos.

La berlina que trajo Felipe II desde España en 1580 es su pieza más antigua. Y las tres carrozas barrocas (1716) de origen italiano, utilizadas por el embajador luso ante el Papa, son sus joyas más preciadas. Su suntuosa decoración es una alegoría de los descubrimientos y conquistas portuguesas.

✉ Av. da Índia, 136
◷ M-D:10-18 h. Cierra L
🔗 www.museudoscoches.pt
🚌 28, 714, 727, 729 y 751
🚋 Tranvía 15
💶 Caro

I PALÁCIO DA AJUDA ✱

El Palacio Real de Ajuda fue construido entre 1796 y 1826. Fue la residencia oficial de la familia real hasta la

✉ Largo da Ajuda
◷ J-M: 10-18 h
🔗 www.palacioajuda.pt
🚌 18, 60, 729, 732 y 742
🚋 Tranvía 15
💶 Moderado

▲ Interior y fachada del Palacio da Ajuda.

supresión de la monarquía en 1910. Hoy es un museo que reúne las colecciones reales de mobiliario y artes decorativas, que guarda hermosos tapices, esculturas, alfombras, cuadros y la colección de joyas reales. El palacio se utiliza aún para eventos oficiales, en banquetes diplomáticos o para alojar visitantes de la realeza.

ALREDEDORES DE LISBOA

❚ CASCAIS　　　　　　　　　　　　　✳

Este centro veraniego de la costa lisboeta, como su cercana vecina Estoril, es también una elegante zona residencial para la burguesía acomodada de la capital. El paseo a lo largo del litoral está jalonado de pequeñas calas y ejemplos de elegantes residencias de la burguesía acomodada de principios del siglo xx.

• • • • • • • •
✉ 23 km al O de Lisboa;
13 km al S de Sintra
🛈 Oficina de turismo:
Praça 5 de Outubro
☎ 215 870 256
🌐 www.cascais.pt

• • • • • • • •
✉ 29 km al O de Lisboa
🛈 Oficina de turismo: Av.
Marginal-Arcadas do Parque
☎ 214 663 813

❚ ESTORIL　　　　　　　　　　　　　✳

Esta pequeña población costera se convirtió a finales del siglo xix en uno de los primeros centros vacacionales de Europa, atrayendo a grandes fortunas. Durante el siglo xx se convirtió en morada de familias reales exiliadas como las de Humberto de Italia o Juan de Borbón.

Caracterizado por la exclusividad y distinción, con un entorno de jardines y tramos de playas de arena fina acotados por salientes de roca, Estoril posee numerosos ejemplos sobresalientes de arquitectura residencial.

De obligada mención es el **casino,** que sin duda le ha proporcionado fama y renombre. Rodeado de jardines, se trata de un edificio de corte racionalista situado frente a la avenida principal de la localidad.

▌QUELUZ ★★

A 10 km del centro de Lisboa, se levanta el **Palacio Nacional de Queluz,** que fue patrimonio de la Casa Real portuguesa. El palacio y sus jardines fueron construidos en el siglo XVIII en estilo rococó, inspirados en Versalles, pero de dimensiones mucho más acogedoras.

La visita incluye los jardines a la francesa decorados con setos, parterres, estanques y estatuas; y el interior del palacio que es también **Museu de Artes Decorativas.**

Destacan por su decoración el salón del Trono, la sala dos Embaixadores, y el dormitorio real o sala de Don Quijote que presenta decoraciones inspiradas en el héroe de Cervantes, obra de gran difusión.

▌SINTRA (▶21) ★★★

▌MAFRA ★★

El Palacio-Monasterio de Mafra, conocido como "El Escorial portugués", fue mandado construir en 1711 por el rey João V. Cumplió así una promesa realizada ante Dios si le concedía heredero, que resultaría ser la futura reina de España, Bárbara de Braganza.

El proyecto original, más humilde en sus orígenes, se engrandeció debido al oro que por esa época llegaba abundante desde Brasil. Sus dimensiones son monumentales como demuestra su fachada: 220 m tan solo interrumpida por las torres de la **basílica.** Más de 200 m de distancia separaban los aposentos del rey y de la reina. Se amueblaron y equiparon los numerosos salones con lo mejor de su época. Sin embargo, la familia real se llevó un buen número de muebles y enseres a Brasil durante las invasiones napoleónicas. Una de

▲ La fachada del Palacio de Queluz.

• • • • • • • • •

✉ 14 km al NO de Lisboa
Palacio Nacional de Queluz
⬚ Largo do Palácio, 2745 Queluz
☎ 219 23 73 00
🖥 www.parquesdesintra.pt
🕐 Se recomienda confirmar en la página web
🏷 Moderado

• • • • • • • • •

✉ 56 km al N de Lisboa
ℹ Oficina de turismo: Av. das Forças Armadas, n.º28
   ☎ 261 218 347
   🖥 www.cm-mafra.pt
Palacio Nacional de Mafra
⬚ Terreiro D. João V
🕐 Palacio: 9.30-17.30 h, cierra M. Biblioteca: L-V, 9.30-13.30 h y 14-16 h. Basílica: 9.30-13.30 h y 14-17.30 h
🖥 www.cm-mafra.pt
🏷 Moderado

las dependencias más interesantes de la visita es la **biblioteca,** una de las mejores y más completas de la Europa del siglo XVIII.

A pocos kilómetros de Mafra, la localidad de **Ericeira** es un centro vacacional de playa muy popular entre los lisboetas.

▌ CALDAS DA RAINHA ★★

Esta pequeña ciudad debe su nombre a Leonor de Portugal, ya que la reina ordenó construir aquí en 1845 el primer hospital Termal del mundo, que hoy funciona como unas renovadas termas abiertas al público. Asimismo, esta acogedora población aúna otros atractivos.

En el Parque D. Carlos, el pulmón verde de la ciudad, se halla el **Museu José Malhoa,** dedicado a uno de los pintores y escultores más importantes de finales del siglo XIX y principios del XX. Famosa también por la cerámica, el **Museu da Cerámica** reúne una de las colecciones más impresionantes de este arte en Portugal. Los aficionados a las bicicletas pueden visitar el pequeño pero curioso **Museu do Ciclismo**.

▌ ÓBIDOS (▶ 22) ★★★

▌ ISLA BERLENGA ★

Esta pequeña isla situada a 12 km del cabo Carvoeiro, de apenas 1,5 km^2 de superficie, está rodeada de una serie de islotes. Es la única isla situada frente a las costas portuguesas. Prácticamente deshabitada en invierno, durante la época estival se anima porque un servicio

• • • • • • • •

✉ 11 km al N de Óbidos
Oficina de turismo: Rua do Provedor Frei Jorge de São Paulo, 5a

☎ 262 240 005

🔗 https://turismodocentro.pt/ concelho/caldas-da-rainha/

Museu José Malhoa
✉ Parque D. Carlos I
☎ 262 831 984
🕐 Oct-mar: M-D, 10-12.30 h y 14-17.30 h. Abr-sep: M-D, 10-18 h

Museu da Cerámica
✉ Rua Ilidio Amado
☎ 262 840 280
🕐 Oct-mar: M-D, 10-12.30 h y 14- 17.30 h. Abr-sep: M-D, 10-18 h

Museu do Ciclismo
✉ Rua de Camões
☎ 262 240 000
🕐 Oct-mar: M-D, 10-12.30 h y 14- 17.30 h. Abr-sep: M-D, 10-18 h

de barco la une con **Peniche,** puerto pesquero famosos por su **fortaleza,** donde se halla el renovado **Museu Nacional de Resistência e Liberdade.** La travesía dura unos 45 minutos.

La antigua **fortaleza** es la única construcción importante de la isla. Tanto si se decide quedarse a pernoctar en la isla, que también dispone de un *camping,* como si solo se realiza una excursión, merece la pena pasear por la isla hasta el faro, disfrutar de su playa y realizar una excursión en bote para admirar las formaciones rocosas naturales de su costa, con grutas y túneles excavados en la roca granítica.

▌ ALCOBAÇA (▶24)   ✱✱✱

▌ NAZARÉ   ✱
Nazaré es una tranquila localidad de pescadores que se ha convertido en un animado centro veraniego. A pesar de su desarrollo turístico, no ha perdido tipismo, y aún es posible ver paisanos y pescadores ataviados con trajes populares, o sus preciosas y coloristas barcas de proas altas varadas en la arena.

El extenso arenal queda acotado al norte por una pared de roca. Sobre este acantilado se alza el barrio de **O Sítio,** una especie de pueblecito aparte, al que se llega en funicular y desde el que se tienen las mejores vistas, tanto desde el mirador como desde el faro, famoso por las fotografías de los surferos en busca de la ola más grande del mundo. El barrio de la playa está ocupado principalmente por comercios y restaurantes que sirven pescado fresco local.

· · · · · · · · ·

✉ Frente al Cabo Carvoeiro, a unos 15 km de la costa continental. Puerto más cercano Peniche (118 km al N de Lisboa)
🖰 www.cm-peniche.pt

🚢 Barcos desde Peniche. De mayo a septiembre diarios. Consultar en otras fechas. Trayecto de unos 40 min
🖰 www.viamar-berlenga.com

ℹ Oficina de turismo de Peniche
✉ Rua Alexanre herculano
🖰 www.berlengas.org

· · · · · · · · ·

✉ 138 km al N de Lisboa
ℹ Oficina de turismo: Av. Vieira Guimarães, Mercado Municipal.
☎ 262 561 194
🖰 www.cm-nazare.pt

◄ A la izquierda, los islotes de Isla Berlenga. Junto a estas líneas, vista de la extensa playa de Nazaré.

70 km al S de Coimbra,
150 km al N de Lisboa

Oficina de turismo: Jardim Luís
de Camões

244 848 771

www.centerofportugal.
com/es

Castillo

Abr-sep: 9.30-18 h.
Oct-mar: 9.30-17.30 h

Barato

130 km al N de Lisboa,
20 km al E de Batalha,
30 km al S de Leiria

Oficina de turismo: Avenida
José Alves Correia da Silva
(Edificio Fatimae)

249 531 139

¿Sabías qué...?

El 13 de mayo de 1917, la Virgen se apareció a tres pastorcillos, anunciándoles tres revelaciones sobre acontecimientos mundiales. Poco después murieron dos de los niños, los hermanos Francisco y Jacinta. La única testigo del milagro que quedaba, Lúcia, ingresó en las hermanas Carmelitas como monja de clausura, hasta su muerte en 2006. Mucho se ha especulado sobre los vaticinios de la Virgen y que ella desveló al Papa. Entre ellos, según parece, anunciaba la Revolución Bolchevique de Rusia y el fin del comunismo. En 2017 el Papa Francisco vino a Portugal para canonizar a los hermanos Francisco y Jacinta.

BATALHA (▶23) ***

LEIRIA *

Pequeña ciudad capital de una comarca agrícola que ha crecido en torno a su castillo-palacio. La fortaleza fue construida por Alfonso I (primer rey de Portugal) para defender la frontera sur de su reino. Tras un primer recinto de murallas se accede al **Palacio Real,** resultado de las obras llevadas a cabo por Manuel I, en el siglo XVI.

Es agradable pasear por las calles del casco antiguo, pegado a las faldas de la colina del castillo.

FÁTIMA *

El **santuario de Nuestra Señora de Fátima** es uno de los centros de peregrinación más importantes del catolicismo. El lugar ha sido acondicionado para recibir grandes multitudes.

El santuario, construido a mediados del siglo pasado, se alza frente a una extensísima explanada de 160 m de ancho por 540 m de largo que puede albergar hasta 300.000 peregrinos. Alrededor, una multitud de tiendas y puestos de *souvenirs* venden todo tipo de recuerdos y parafernalia.

TOMAR ***

Tomar es una apacible ciudad agrícola del Ribatejo conocida por su espléndido **convento-fortaleza,** joya arquitectónica del siglo XV portugués, declarada Patrimonio de la humanidad por la UNESCO. Se yergue sobre una colina que fue inicialmente fortificada en el siglo XII. Se otorgó la plaza a la orden del Temple, quienes la ocuparon hasta su disolución por orden papal a principios del siglo XIV. Para sustituirlos, el rey Dinis, fundó en 1330 la orden de los Caballeros de Cristo, que harían del convento su sede central. Esta orden estaría ligada durante siglos a las exploraciones y los descubrimientos, y su cruz característica acompañó en las velas, escudos y armas a las expediciones portuguesas.

La visita comprende varias estancias entre las que destacan extraordinariamente la llamada **Rotonda de los templarios,** un templo construido en planta octogonal y redonda en el exterior, la maravillosa **ventana manuelina,** máximo ejemplo del virtuosismo del estilo nacional y el **claustro** gótico-renacentista.

Tras la visita, merece la pena pasear por el centro histórico de Tomar. La hermosa **Praça Maior** se abre ante la fachada de la iglesia de **São João Baptista,** un templo gótico del siglo XV con una bella portada manuelina y torre octogonal rematada por un largo pináculo. La antigua **sinagoga** era la más antigua de Portugal. Quedó

◀ Fachada del convento
de Tomar, fortaleza declarada
Patrimonio de la humanidad.

✉ 135 km al N de Lisboa,
35 km al E de Fátima
🛈 Oficina de turismo: Avenida
Doutor Cândido Madureira
☎ 249 329 800
🖥 www.visit-tomar.com

Convento
✉ Colina do Castelo
⏰ Oct-may: 9-17.30 h. Jun-sep:
9-18.30 h
🖥 www.conventocristo.gov.pt
🎫 Moderado

Museu Municipal
✉ Rua Gil Avô
☎ 249 329 814
⏰ Visita con reserva previa

Museu dos Fósforos
✉ Av. Gen. Bernardo Faria
☎ 249 329 814
⏰ Abr-sep: M-D, 10-13 h y
14-18 h. Oct-mar: M-D, 10-12 h
y 13-17 h.
🖥 www.visit-tomar.com

Casa da Memória Lopes-Graça
✉ Rua Joaquim Jacinto
☎ 249 329 823
⏰ X-D: (invierno) 14-17 h y
(verano) 15-18 h

abandonada en 1497 cuando los judíos que no querían convertirse fueron expulsados del país. Hoy es un **Museu de Cultura Luso-Hebraica.**

Tomar alberga otros museos dignos de mención. El **Museu Municipal-Núcleo de Arte Contemporânea** ostenta una importante colección de obras del modernismo, el surrealismo, el abstraccionismo y la neofiguración, que van desde 1932 hasta la actualidad.

Uno de los museos más originales del país es el **Museu dos Fósforos,** que expone la colección de más de 43.000 cajetillas de cerillas de 127 países de todo el mundo que reunió el tomarense Aquiles da Mota Lima durante 27 años.

El **Museu Lopes-Graça,** instalado en la casa natal de uno de los mayores compositores del siglo xx, recoge su legado en una exposición ilustrativa de su vida y su obra.

▍SANTARÉM ✳

✉ 78 km al NE de Lisboa
🛈 Oficina de turismo:
Rua Capelo Ivens, 63
☎ 243 304 437
🖥 www.cm-santarem.pt

Importante centro agrícola y nudo de comunicaciones, Santarém es la capital de Ribatejo, la región de fértiles llanuras que se extienden en el curso bajo del Tajo. Posee un modesto casco histórico amable y bien cuidado con varias iglesias de bella factura. Destaca la de **São João de Alporão.**

Desde el **Mirador de São Bento,** situado en la colina más alta de la ciudad, se observa un amplio panorama del río y la llanura.

UN PASEO EN COCHE

Por la costa de Arrábida

▲ La luz del atardecer en el Cabo Espichel.

Duración
Todo el día

Punto de inicio
Lisboa

Punto de llegada
Lisboa

ℹ Para evitar las aglomeraciones, en la época estival se reduce o incluso se cierra el acceso en coche a Arrábida y se refuerza el transporte público para acceder a las playas. Conviene informarse en las oficinas de turismo sobre el estado de las carreteras.

❚ Se sale de Lisboa por la A2-IP7, la autopista que cruza el estuario por el Puente 25 de Abril. A 16 km se toma la N378 dirección Sesimbra a 37 km.

Sesimbra es un encantador puerto pesquero, que en parte ha sucumbido a la presión del turismo de masas proveniente de la capital. Su lonja y restaurantes de pescado son afamados.

❚ Se sigue por la N379 para llegar hasta el cabo Espichel (a 12 km).

El paisaje que atraviesa la carretera lo conforma una meseta árida que se desploma sobre el mar formando acantilados. En el **cabo Espichel** hay una ermita dedicada a Nossa Senhora do Cabo. Las vistas son magníficas y, aunque a veces el viento pueda resultar incómodo, el paraje es muy atractivo.

❚ Se regresa por la N379 durante 20 km. Se pasa primero el desvío a Sesimbra, 10 km más adelante, en Aldeia de Irmãos se gira a la derecha en dirección a **Portinho da Arrábida.**

La carretera cruza poco después del desvío las lindes del **Parque Natural da Serra da Arrábida.** El paisaje de viñas y huertas se convierte en bosques de pinos y brezales silvestres. La carretera que recorre el parque se bifurca (a 10 km del cruce), a la derecha se llega a **Portinho da Arrábida,** conocida por sus hermosas playas. La variante del interior llega hasta las cumbres de la sierra, desde las cuales se tienen buenas vistas panorámicas. Ambos recorridos se unen de nuevo en el faro de Oulão (a 13 km).

❚ Se regresa hasta Aldeira de Irmãos y por la N379 hasta Vila Nogueira de Azeitão. Se toma la N10 para regresar a Lisboa (a 30 km).

No obstante, el principal interés de esta ciudad está en sus ferias, gastronómicas y taurinas. Cada año a finales de octubre o principios de noviembre tiene lugar el **Festival Nacional de Gastronomía**, en el que productos típicos, procedentes de todos los rincones del país, se exponen, catan, comercian y compiten. Un festival para el paladar.

Por otro lado, Santarém es la capital de la tauromaquia portuguesa, y se celebran varias ferias en temporada, con corridas de toros de rejoneo. En su comarca se encuentran algunas de las mejores ganaderías (bovinas y taurinas) de Portugal.

▌SETÚBAL ✳

Setúbal es un importante centro industrial y el tercer puerto comercial del país. Cemento, papel, automóviles, productos químicos acompañan a los importante astilleros convirtiendo a la ciudad en un gran polo de desarrollo. Está situada sobre las estribaciones de la Serra da Arrábida, frente al largo arenal de la península de Tróia que cierra el gran estuario del río Sado.

Su mayor tesoro arquitectónico es la **Igreja de Jesus**, el primer ejemplo de estilo manuelino, edificada en 1494 por Diogo Boitac. La **catedral** de Santa Maria (siglo XVI) se levanta en el centro del pequeño casco histórico. Conserva paneles de azulejos típicos.

El **Castelo de São Filipe**, mandado construir por Felipe II en 1590, ocupa la colina más alta de la ciudad, y cumplió la función de contener tanto a potencias extranjeras como a levantiscos locales. En su interior se aloja una de las Pousadas más bellas de Portugal. Desde sus bastiones se tienen unas vistas extraordinarias de ciudad, costa y estuario.

Se puede realizar una pequeña excursión hasta **Palmela**, pueblecito situado a 7 km más al norte en el interior de la misma sierra. Aquí, otro extraordinario ejemplo de Pousada portuguesa ocupa el formidable castillo medieval en lo alto de una colina.

✉ 50 km al S de Lisboa, 100 km al O de Évora
ℹ Oficina de turismo: Praça de Bocage
☎ 265 524 682
🖱 www.mun-setubal.pt
ℹ Oficina de turismo Ask Me Arrábida: Tv. Frei Gaspar, 10
☎ 916 442 247

◄ Palmela, con su castillo medieval dominando el paisaje.

GASTRONOMÍA

La gastronomía portuguesa se caracteriza por el uso generalizado del aceite de oliva y las hierbas aromáticas como el laurel, el tomillo o el romero. Características que comparte con las cocinas mediterráneas del sur de Europa; sin embargo es el uso frecuente del bacalao, preparado de multitud de formas, acompañamientos y variantes, el rasgo que resulta más peculiar. Se dice que en Portugal hay una forma de preparar el *bacalhau* para cada día del año, y lo cierto es que, tanto salado como seco, acompañado de patata, verduras o marisco, está omnipresente en todas las mesas del país. Otro de los rasgos característicos de la cocina portuguesa es su abundancia y copiosidad de las guarniciones (arroz, verduras y patatas fritas) que vienen generalmente servidas aparte, en bandejas acompañando los platos principales.

▌Sopas

Una comida tradicional consta de entrante, sopa y plato principal. El pan y el queso se sirven al inicio de la como entrante opcional en muchos restaurantes, siendo el primer plato habitualmente una rica sopa humeante, que puede ser de verduras y legumbres, de pescado o marisco, o de carne aderezada con el popular *chouriço.* Las sopas son por lo general caldosas y resultan deliciosas.

▌Pescados

Los pescados son abundantes, sobre todo en las zonas costeras. Además del ya mencionado bacalao, las especialidades portuguesas incluyen el *peixe-espada* y las famosas sardinas asadas que siempre encontraremos en las proximidades de las playas más concurridas. A menudo se preparan los pescados a la olla, acompañados de verduras en forma de *caldeiradas.* En el Algarve abunda el *bife de atum,* las sardinas y los jureles.

▌Mariscos

El marisco está también presente, y las frías aguas atlánticas crían sabrosos centollos y langostas o bivalvos como berberechos y mejillones. Se preparan caldos de marisco en todas las zonas costeras, pero destacan la *cataplana* en el Algarve que combina pescado y carne. En cuanto a las langostas, de merecida fama son las de Peniche.

▌Carnes

Las carnes suelen venir preparadas en asados o estofadas; son peculiares las marmitas que dan nombre a los estofados típicos regionales, que en el norte del país se las denominan *púcaras,* y en el sur, en el Algarve, la ya mencionada *cataplana.* Abunda el cerdo, tanto sus carnes como embutidos. El más famoso la *linguiça,* una salchicha de lengua ahumada. El *leitão* es el cochinillo asado, de renombre en las Beiras. La carne de vaca es también abundante, y se toma en filetes, *bife*, que a veces van acompañados de huevo, *bife a cavalo*. Menos frecuente, el cabrito y el cordero se cocinan más en las comarcas frías del interior del país.

Quesos

Predominan los quesos de cabra y oveja, y se consumen sobre todo sus especialidades frescas acompañadas de pan como entrantes en la mesa. Gozan de fama los de oveja de la Serra da Estrela *(queijo da serra)*, los quesos frescos de Tomar *(queijinhos)* o el popular *queijo da ilha*, el queso más extendido como aperitivo, que proviene de las Azores. El Alentejo también goza de quesos excelentes, como el de *Serpa* y el de *Nisa*.

Postres

Mención especial merece la repostería portuguesa, deliciosas recetas a base de huevo, como el *toucinho-do-céu* (tocino de cielo) o las *queijadas* de Sintra, o el flan, también otras como el *arroz doce* (arroz con leche) cierran una buena comida. Las *Pastelarias,* abundantes por todo el país, ofrecen exquisitos pasteles, bollos y tartas, preparados a base de hojaldres, cremas y natas deliciosos Un famoso ejemplo son los *pastéis de Belém,* populares del turístico barrio de Lisboa.

Vinos

El Oporto

Quizá el más famoso de los vinos portugueses sea el Oporto. De fama internacional, sus caldos se exportan a todo el mundo desde hace siglos, siendo los ingleses los iniciadores de su comercialización ultramarina. La denominación Oporto agrupa varios tipos de vinos, todos ellos elaborados con uvas procedentes del Valle del Douro, en bodegas a orillas del mismo, principalmente en Vila Nova de Gaia frente a la ciudad que los da nombre. Los más jóvenes son de color rojizo se denominan *Rudy* y pasan un par de años en barricas de roble, este periodo aumenta hasta los tres o cuatro años para conseguir los *Tawny,* y se extiende a 10, 20 o 30 años de envejecimiento para obtener los preciados *Vintage* y *Late Bottled Vintage,* los más exclusivos, que son elaborados con las mejores uvas de cosechas excepcionales.

Otros vinos

Los blancos más afamados son los de las regiones de Dão y Palmela. Sin olvidar el *vinho verde,* un blanco joven de cosecha precoz, muy apreciado por los portugueses, que acompaña muy bien pescados y mariscos. Entre los tintos, destacan los del Alentejo, Douro y Bairrada. Y de los vinos dulces de postre, hay que mencionar el Moscatel de Setúbal y el vino de Madeira.

Tipos de vinos de Oporto

· *Dry,* el más seco.

· *Tawny* (dorado), más ligero, resultado de la mezcla de caldos añejos y jóvenes y de color ámbar.

· *Ruby* (tinto dorado), con mucho cuerpo.

· *Late Bottled Vintage,* embotellado solo tras seis años de envejecimiento previo en barricas de roble. *Porto Vintage,* el más celebrado y famoso. Solo en cosechas extraordinarias se otorga este título a aquellos caldos que embotellados tras dos años de barrica, envejecen en oscuras botellas negras. Entre las bodegas más famosas, hay importantes nombres ingleses como portugueses que han dado fama internacional a sus caldos; Sandeman, Ferreira, Cálem o Cockburn son algunos de los más conocidos.

El **Alentejo**

Una de las regiones más bonitas y auténticas de Portugal, el Alentejo o *Além Tejo,* corresponde al territorio reconquistado que se extendía más allá del Tajo y hasta el Algarve. De la Extremadura española y el Guadiana, a las costas ventosas atlánticas. De los estuarios del Tajo y Sado, a las sierras de Caldeirao y Monchique. Alejada de las rutas turísticas masificadas, en el Alentejo el tiempo parece haberse detenido, conservando su acervo cultural, marcado carácter tradicional y sosegado estilo de vida de antaño. Ciudades monumentales como Évora, sorprendentes palacios como el de Vila Viçosa, encantadores pueblos recogidos alrededor de sus castillos como Marvão o Monsaraz, fortalezas y bastiones defensivos como los de Elvas, un litoral casi virgen y enormes extensiones de campos vacías para relajar la vista, son los argumentos por los que una visita al Alentejo nunca defrauda.

▍Évora

A mitad de camino entre Lisboa y España, la ciudad de Évora es la capital histórica y espiritual del Alentejo. Su centro histórico es un auténtico museo al aire libre, compendio de arte y arquitectura portuguesa de todas las épocas. Posee un valioso patrimonio monumental de origen romano, árabe, medieval y renacentista. El conjunto, que goza de un excelente estado de conservación, fue uno de los primeros de la península en ser reconocido por la UNESCO como Patrimonio de la humanidad (1986).

▲ Ventana manuelina en Évora.

Floreciente capital del Imperio romano que decayó en época visigoda, fue conquistada por los árabes en el año 715, y permaneció 450 años bajo su dominación. Évora es hoy una pequeña ciudad de provincias que apenas supera los 50.000 habitantes. Es un centro agrícola y comercial, con una pequeña industria basada en los recursos locales: alfombras de lana, muebles pintados y corcho; está rodeada de una llanura que produce trigo, vid, olivo y alcornoques.

Pasear por sus calles es una verdadera delicia; casas encaladas, palacios, iglesias, rincones, plazas y plazuelas... y todo con un genuino sabor local, un tipismo maravillosamente natural. Si además pasáis la noche, habrá que añadir el encanto de la iluminación de sus monumentos y la quietud y tranquilidad de sus tardes y sus cielos estrellados.

▼ Praça do Giraldo, Évora.

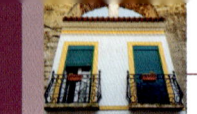

Évora

135 km al E de Lisboa, 100 km al O de Badajoz

Oficina de turismo: Praça do Giraldo, 73

266 777 071

www.visitevora.net; www.visitalentejo.pt

Praça do Giraldo

94, B1

LO QUE HAY QUE VER EN ÉVORA

PRAÇA DO GIRALDO **

La animada plaza mayor de Évora, rodeada de soportales, está decorada con una fuente de mármol del siglo XVIII. El conjunto, de gran armonía, ha sido testigo de ejecuciones, actos de fe de la Inquisición y celebraciones a lo largo de su historia. Aquí se ubica la Oficina de Turismo.

SÉ (CATEDRAL) ***

La catedral fue construida entre los siglos XII y XIII en estilo románico de transición al gótico. Su recia construcción en granito rosa recuerda, como en las *seos* de Coímbra Vieja, Oporto o Lisboa, su faceta de fortaleza. Las sobrias torres que flanquean la portada no son gemelas, y fueron coronadas con distintas flechas góticas

ÉVORA

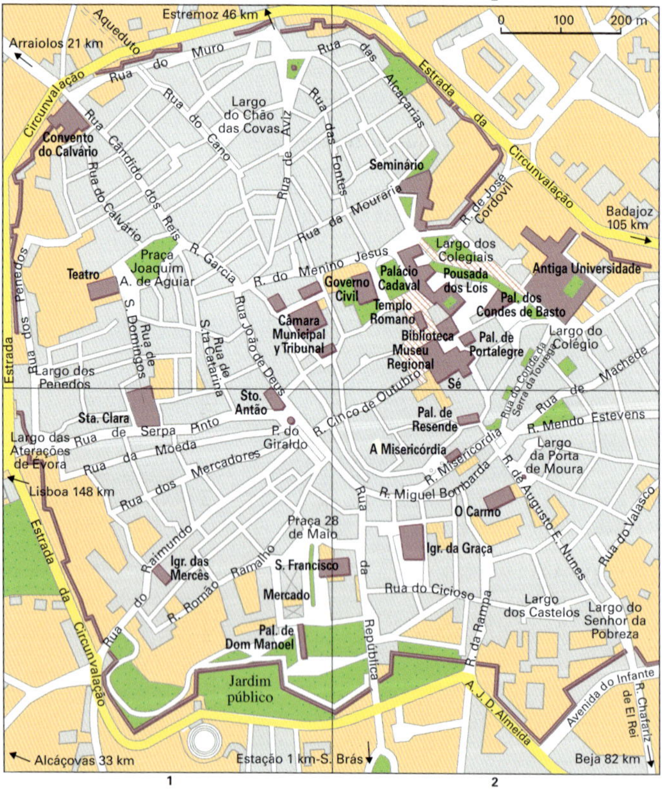

1
2
A
B
0
100
200 m
Estremoz 46 km
Arraiolos 21 km
Aqueduto
Rua do Muro
Circunvalação
Largo do Chão das Covas
Rua das Alcaçarias
Estrada da Circunvalação
Convento do Calvário
Rua Cândido dos Reis
Rua do Cano
Rua de Avis
Rua das Fontes
Seminário
Rua do Calvário
Rua da Mouraria
R. de José Cordovil
Badajoz 105 km
Largo dos Colegiais
Antiga Universidade
Praça Joaquim A. de Aguiar
R. Garcia
Teatro
R. do Menino Jesus
Governo Civil
Palácio Cadaval
Pousada dos Lois
Pal. dos Condes de Basto
Templo Romano
Câmara Municipal y Tribunal
Biblioteca Museu Regional
Pal. de Portalegre
Largo do Colégio
Rua dos Penedos
Estrada
S. Domingos
Rua de S.ta Catarina
Rua João de Deus
Largo dos Penedos
Sé
Rua do Conde da Serra da Tourega
Rua de Machede
Sto. Antão
R. Cinco de Outubro
Sta. Clara
Pal. de Resende
R. Mendo Estevens
Largo das Alterações de Évora
Rua de Serpa Pinto
P. do Giraldo
A Misericórdia
Largo da Porta de Moura
Rua da Moeda
Rua dos Mercadores
R. Misericórdia
Lisboa 148 km
R. Miguel Bombarda
R. de Augusto F. Nunes
O Carmo
Rua do Valasco
Estrada da Circunvalação
Praça 28 de Maio
Igr. da Graça
Rua do Raimundo
Igr. das Mercês
Ramalho
S. Francisco
Rua da República
R. Romão
Mercado
Rua do Cicioso
Largo dos Castelos
Largo do Senhor da Pobreza
Pal. de Dom Manoel
R. da Rampa
Jardim público
A. J. D. Almeida
Avenida do Infante
R. Chafariz de El Rei
Alcáçovas 33 km
Estação 1 km-S. Brás
Beja 82 km

▲ Basílica Sé de Nossa Senhora da Assunção, mais conocida por la Sé Catedral de Évora.

en el siglo XVI. El **pórtico** occidental posee un grupo de esculturas esculpidas de gran belleza que representan a los Apóstoles.

Ya en el interior, la nave central sorprende por su altura y acompaña a un valioso altar mayor del siglo XVIII. El crucero está cubierto por una hermosa cúpula o cimborrio, que para algunos recuerda por sus similitudes con las cúpulas de las catedrales de Salamanca o Zamora en España. El **coro** muestra una sillería renacentista en roble con escenas religiosas y profanas, realizadas por un taller de Amberes. El órgano (siglo XVI) es posiblemente uno de los más antiguos en funcionamiento de Europa. El **claustro** gótico es del siglo XIV, las esquinas están decoradas con las estatuas de los Evangelistas, y cuentan con escaleras para subir hasta la terraza almenada, con excelentes vistas de la ciudad y del campo alentejano.

El **Museu de Arte Sacra** lo componen obras de orfebrería: custodias, báculos y relicarios decorados con filigranas y piedras preciosas; y además, casullas, otras vestiduras y pompa episcopal. Sus piezas más importantes son una cruz-relicario del Santo Lenho (siglo XVIII) y la *Virgen del Paraíso* (siglo XIII) tallada en marfil.

🕙 94, A2
✉ Largo do Marquês de Marialva
🕙 Iglesia: 9-12 y 14 16.30 h; Museo: verano, 9-17 h; invierno, 9-12.30 h y 14-17 h, cierra L
💶 Iglesia y Claustro: barato. Museu: económico

▌ MUSEU NACIONAL FREI MANUEL DO CENÁCULO ✳

El antiguo Palacio Episcopal, construido entre los siglos XVI y XVII, fue acondicionado para alojar este museo. Las salas del museo se distribuyen en dos plantas, la primera dedicada a los hallazgos arqueológicos y colecciones escultóricas, y la segunda a la pintura religiosa. Escultura romana, musulmana, gótica y manuelina comparte protagonismo en la planta inferior, en la que

🕙 94, A2
✉ Largo Conde de Vila Flor
🕙 M-D: 9.30-13 h y 14-17.30 h
🖥 www.cm-evora.pt
💶 Económico

Por las calles de Évora

Distancia
2,5 km

Duración
Media jornada

Punto de inicio
Oficina de Turismo:
Praça do Giraldo

Punto de llegada
Templo romano

▌Comience su visita en la Praça do Giraldo, la plaza más animada y céntrica de la ciudad y el lugar donde se encuentra la oficina de turismo.

La **Praça do Giraldo** es el corazón de la ciudad, soportalada y muy luminosa, una fuente adorna su centro. Los cafés y terrazas animan las tardes y los aperitivos en verano, sin embargo, a la hora de la siesta, aparece desierta.

▌Salga por la Rua da República y camine hasta encontrar la segunda calle a la derecha, nos encontraremos en la Igreja de São Francisco.

La **Igreja de São Francisco** es muy popular entre los visitantes de Évora por poseer una de los atractivos turísticos más curiosos de la ciudad, la famosa **Capela dos Ossos**. Una capilla forrada de osamentas y calaveras que nos recuerdan la levedad y frugalidad de la vida humana.

▌Volviendo sobre nuestros pasos por la misma Rua da República, tomaremos la primera calle a la derecha (Travessa de Landim) en dirección de regreso a la Praça do Giraldo para dar la vuelta a la manzana y encontrarnos con el convento de Graça.

La iglesia de **Nossa Senhora da Graça** se caracteriza por tener una estupenda fachada barroca portuguesa coronada por gigantes figuras de atlantes en granito sobre los pilares.

▌Continuamos por la Travessa de Landim hasta el final y tomando la Rua dos 3 Senhores a la izquierda remontaremos hasta encontrarnos con la catedral.

▼ Detalles del claustro y cúpula de la catedral de Évora.

Visite la **catedral (Sé)**, uno de los templos góticos más admirables de Portugal, con grandes obras artísticas que decoran sus capillas. El claustro y el tesoro catedralicio son también muy valiosos.

▌El palacio contiguo alberga el **Museu Nacional Frei Manuel do Cenáculo,** que posee valiosas colecciones de arte y piezas arqueológicas de la región.

Continúe hacia la parte más alta de la plaza en la que donde está la catedral y el museo hasta llegar al espacio abierto en el que se alza el templo romano. Aquí terminaremos nuestro paseo.

▌El **Templo de Diana**, que data del siglo II d.C., es el verdadero símbolo de la ciudad, y el mejor monumento romano conservado en Portugal. A pesar de sufrir los avatares de la historia, se conserva su planta y 12 de sus columnas corintias.

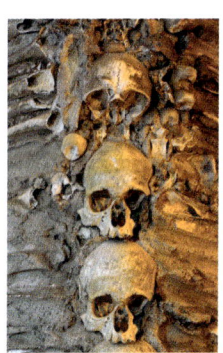

▲ Templo romano y detalle de la Capela dos Ossos.

un bajorrelieve romano de mármol, y una *Anunciación* gótica del siglo (siglo XIV) son las piezas estrella.

La planta superior alberga lienzos primitivos de la escuela flamenca y cuadros de pintores portugueses del siglo XVI provenientes de la comarca.

❚ TEMPLO ROMANO ★★★

El mejor edificio romano conservado de Portugal, y el símbolo de Évora. Se levanta en la colina central, detrás de la catedral. Conserva 12 de las columnas originales, con fustes completos de granito, basas y capiteles corintios de mármol blanco de Estremoz bellamente decorados. Se le conocía como el "templo de Diana", aunque es más probable que se tratara de un templo dedicado al culto del emperador Augusto. Su datación corresponde a los siglos I y II.

🕐 94, A2
✉ Largo do Conde de Vila Flor

❚ IGREJA DE SÃO FRANCISCO ★★

Esta iglesia es famosa por albergar la famosa capilla de los huesos –Capela dos Ossos– que desde el siglo XVI sobrecoge a todo visitante. La obra es el resultado de la iniciativa de un fraile franciscano que deseaba fomentar la reflexión y la meditación entre los cofrades.

La macabra capilla atesora cientos de huesos de los esqueletos de hasta 5.000 personas. Cientos de calaveras distribuidas por paredes y columnas acechan y parecen querer transmitir la idea de vida efímera, como dice la inscripción de la entrada: "Nosotros los huesos que aquí estamos, a los vuestros esperamos".

🕐 94, B1-2
✉ Praça 1° de Maio
🕐 Jun-sep: 9-18.30 h
Oct-may: 9-17 h
💻 www.igrejadesaofrancisco.pt
🎫 Iglesia: gratis. Capilla de los huesos: económico

❚ AQUEDUTO DA ÁGUA DE PRATA ★

Espléndido ejemplo de ingeniería renacentista, construido por Francisco de Arruda (1532-1537) que abastecía de agua a Évora llevando el agua hasta la Praça do Giraldo. Resultó dañado parcialmente durante la Guerra de Restauración (1641-1668).

🕐 94, A1

▲ Muelle palafítico de Carrasqueira, en el estuario del Sado.

LO QUE HAY QUE VER EN EL ALENTEJO

I CROMLECH DOS ALMENDRES ✶✶

A 16 km de Évora por la carretera N114, que une la capital del Alentejo con Montemor-o-Novo, se halla uno de los secretos más bien guardados.

Tras girar por la CM1075 y atravesar el pueblo de Guadalupe, se encuentra un curioso menhir de 3 metros de altura. Pero lo más asombroso aún está por llegar. A unos 4 km de allí, después de dejar el coche en un descampado de arena y tener que andar unos 200 metros a pie, nos damos de bruces con el monumento megalítico más impresionante de la Península Ibérica.

I ALCÁCER DO SAL ✶

En la orilla norte del río Sado poco antes de que se abra a la ría, un otero domina la llanura. En lo más alto, la antigua fortaleza musulmana (Al-Kasr) corona un pueblo moruno de calles sinuosas que descienden hasta la vega.

La plaza fue reconquistada en 1247 –un siglo más tarde que Lisboa– por Alfonso II, que la entregó a la orden de Santiago. El soberbio **castillo** medieval, retocado por la orden en el siglo XIII, ha sido transformado en Pousada, que lleva el nombre de dicho rey.

✉ 100 km al O de Évora, 95 km al S de Lisboa
🛈 Oficina de turismo: Largo Luís de Camões
☎ 265 009 987
🖥 www.cm-alcacerdosal.pt

No dejéis de ver la **Igreja Santa Maria do Castelo**, dentro del recinto amurallado, iglesia dedicada a Santiago, con bellos azulejos polícromos. En el pueblo, la **Igreja do Espirito Santo** tiene el honor de haber sido testigo de las nupcias del famoso rey Manuel I con la Infanta María, hija de los Reyes Católicos.

❚ MARVÃO ★★★

Uno de los pueblos más bonitos de Portugal, Marvão, se alza inexpugnable y completamente amurallado en lo alto de una montaña a unos 860 m de altitud, frente a la frontera española. Su nombre parece provenir del caudillo musulmán Ibn Marwan, creador del Taifa de Badajoz que aquí se hizo fuerte. Alfonso I la reconquistó en 1166 y procedió a reforzar sus defensas y construir el castillo.

La visita comienza atravesando sus recias puertas de acceso, y continúa ascendiendo por la Rua do Espirito Santo, callejeando irán apareciendo la iglesia parroquial, una fuente barroca en una placita, la antigua casa del gobernador y bonitos ejemplos de casas populares encaladas.

En lo más alto está el **castillo,** convertido en elegante Pousada. Una nueva puerta fortificada da acceso al patio de armas, desde el que se puede subir al adarve –camino de ronda de las murallas–. Es recomendable recorrerlo a pie, ya que se disfruta de unas vistas maravillosas del conjunto monumental y el entorno. También conviene visitar el espléndido **aljibe.**

✉ 24 km al N de Portalegre, 125 km al NE de Évora y a 6 km de España

🛈 Oficina de turismo: Largo da Silveirinha

☎ 245 909 131

🌐 www.cm-marvao.pt

▼ El fortificado pueblo de Marvão está considerado como uno de los más bonitos de Portugal.

✉ 125 km al NE de Évora, 20 km de la frontera de Cáceres
ℹ Oficina de turismo: Praça Dom Pedro V
☎ 245 908 227
🌐 www.castelodevide.pt

✉ 85 km al E de Évora, 20 km al O de Badajoz
ℹ Oficina de turismo: Praça da República (Parada Autobús principal)
☎ 268 622 236
🌐 www.cm-elvas.pt

▼ La Fonte da Vila, fuente del siglo XVI, en Castelo de Vide. A la izda., forte de Nossa Senhora da Graça.

❙ CASTELO DE VIDE   **

Muy cerca de Marvão, en las estribaciones de la misma Serra de São Mamede, este bonito pueblo de calles tortuosas y casas encaladas decoradas con flores se arremolina en torno a su castillo. Con un interesante legado monumental, no se debe perder la **Praça Dom Pedro V** que agrupa iglesia, palacio-torre, hospital, mansión y Ayuntamiento, todos ellos de bella factura.

O su **Judaria** (judería), una de las más completas y bien conservadas de Portugal, que comenzando desde la **Fonte da Vila,** preciosa fuente noble del siglo XVI, asciende entre callejuelas hasta el **castillo** (siglo XIII). El barrio judío cuenta con una bella **sinagoga** del siglo XIII.

❙ ELVAS   **

Ciudad fronteriza y fortificada, rodeada de fosos y gruesos **bastiones** del siglo XVII en forma de pentágono –al estilo Vauban– excelentemente conservadas. El diseño en estrella se aprecia muy bien desde el **castillo,** de origen romano y remodelación árabe. Las murallas se pueden recorrer por el camino de adarve que ofrece buenas vistas de la ciudad.

Además del castillo conviene callejear, para no perderse el **Largo de Santa Clara,** con un característico *Pelourinho v*(picota o rollo jurisdiccional) o la antigua **Sé.** Sus construcciones defensivas y su centro fueron reconocidos Patrimonio de la humanidad de la UNESCO en 2012.

A las afueras hacia el suroeste, el **Aqueduto da Amoreira,** con 7,5 km de longitud, es una maravillosa obra de la ingeniería renacentista construida entre 1498 y 1622.

▌ VILA VIÇOSA ★★

Esta villa alentejana, cercana a la frontera española, sorprende por su patrimonio monumental y belleza, solo justificada por la importancia histórica de sus moradores más importantes.

Su **castillo,** hoy en ruinas, se convirtió en el siglo XV en sede de los duques de Braganza. En 1501, el duque Jaime I inició la construcción de un nuevo palacio que se convertiría en su residencia favorita.

Ampliado y lujosamente decorado por sucesivas generaciones, tras la Guerra de la Restauración frente a España (1640), el octavo duque de Braganza se convertía en el rey João IV. Así Vila Viçosa pasó a ser una residencia de verano de la Casa Real, condición que mantuvo hasta 1908.

El centro de la villa, alrededor de la bulliciosa **Praça da República,** contrasta con el silencio y sosiego de la zona monumental en la que se levanta el **palacio ducal.** La majestuosa plaza del **Terreiro do Paço** queda cerrada en su lado oeste por la larga fachada de mármol del **palacio** (110 m), y presidida por la estatua ecuestre de João IV. El interior del palacio reúne una colección de cuadros que narran victorias bélicas portuguesas, sobre todo frente a España y valiosos ejemplos de muebles de época y artes decorativas.

Anexo, el **Museu dos Coches** es una subsede del de Lisboa y se aloja en un pabellón de 70 m de largo sostenido por pilares de mármol. Aquí se exhiben lujosas carrozas reales, berlinas, coches y landós.

▲ Forte de Nossa Senhora da Graça, en Elvas.

· · · · · · · · ·

✉ 60 km al E de Évora, 40 km al O de Elvas
ℹ Oficina de turismo: Praça da República
☎ 268 889 317
🌐 www.cm-vilavicosa.pt

Paço Ducal
✉ Terreiro do Paço
🕐 Oct-may: M, 14-17 h; X-D, 10-13 h y 14-17 h
Jun-sep: M, 14-18 h; X-D, 10-13 h y 14-18 h. Cierra lunes
🌐 www.fcbraganca.pt
💶 Palacio: moderado. Armería, Museo de Carruajes, Colección de Porcelanas o Tesoro: barato

No muy lejos de la plaza merece la pena asomarse a la peculiar **Porta dos Nós** (puerta de los Nudos) de estilo manuelino, decorada con nudos marineros, símbolo de los Braganza.

▌ESTREMOZ ★★

Esta capital comarcal del Alentejo vive del cereal y la vid, y posee un centro histórico interesante dividido en dos partes: la ciudad alta y la ciudad baja. La ciudad alta es de época medieval y queda confinada dentro de las murallas que se levantaron sobre la colina vigilando las llanuras alentejanas. Se debe visitar el **castillo** que ha sido convertido en Pousada. La **Torre das Três Coroas,** llamada así en honor a los tres reyes que llevaron a cabo su construcción (Sancho II, Alfonso III y Dinis) es una atalaya de mármol de 27 m de altura. Se puede subir para disfrutar de las vistas que llegan hasta España.

En la propia torre, la **Capela da Rainha Santa Isabel** está dedicada a la esposa del rey Dinis que murió aquí en 1336 y fue santificada por su vida dedicada a los pobres. La capilla está forrada de paneles de azulejos típicos que relatan la vida de la reina. Estremoz es famosa por su cerámica y su mármol y por la feria de antigüedades que se realiza los sábados por la mañana.

- ✉ 45 km al NE de Évora, 50 km de Badajoz
- ℹ Oficina de turismo: Rossio Marquês Pombal, 88 A
  - ☎ 268 339 227
  - 🖰 www.cm-estremoz.pt
- 🖃 Torreón y capilla: gratis

▌EVORAMONTE ✱

Sobre una colina que domina la campiña, Evoramonte luce orgullosa la silueta de su peculiar **castillo** con forma de torreón medieval. La construcción data del siglo xiv pero fue muy modificada en el siglo xvi, momento en que los duques de Braganza, propietarios de la plaza, incorporaron su símbolo –el característico nudo– a los cordeles de piedra labrados en la fachada. El resto del pueblecito se visita rápidamente, recorriendo la pintoresca calle principal al final de la cual se levanta la **iglesia parroquial,** con una curiosa espadaña transversal.

▌MONSARAZ (▶31) ✱✱✱

▌MOURA ✱

Encantador pueblecito del Alentejo rodeado de leyendas de un pasado moruno. Su **Mouraria** (barrio moro) es un conjunto de calles estrechas y casas pintorescas adornadas aquí y allá con azulejos y chimeneas. La **Igreja de São João Baptista** conserva una magnífica portada manuelina y, en su interior, un púlpito sobre elegante columna torsa y una espléndida talla barroca, representando la Crucifixión.

✉ 45 km al NE de Évora
ℹ Oficina de turismo: Rua de Sta. Maria
☎ 967 916 857

✉ 80 km al SE de Évora, 55 km al E de Beja
ℹ Oficina de turismo: Castelo de Moura
☎ 285 251 375
🌐 www.cm-moura.pt

◀ Estremoz con el castillo al fondo. La fortaleza se ha convertido hoy en una Pousada.

✉ 35 km al SE de Beja,
115 km al S de Évora
🏠 Oficina de turismo: Rua dos
Cavalos, 19
☎ 284 544 727
🌐 www.cm-serpa.pt

▼ La torre del homenaje del castillo de Beja, construido en el siglo XVI.

✉ 80 km al S de Évora
🏠 Oficina de turismo:
Largo Dr. Lima Faleiro
☎ 284 311 913
🌐 www.cm-beja.pt

❚ SERPA ✶✶

Esta tranquila localidad resulta muy agradable de visitar. Un antiguo **acueducto** del siglo XI nos recibe a sus puertas. La plaza mayor rodeada de elegantes edificios, da paso a una escalinata que se dirige directamente hasta el antiguo **castillo** que preside el casco histórico. Se puede caminar sobre sus murallas, para tener unas excelentes vistas intramuros y hacia los campos que la rodean. Por último, se recomienda probar el famoso queso local, *Queijo de Serpa*, que a menudo se sirve en la mesa antes de comenzar el almuerzo.

❚ BEJA ✶✶

Situada en medio de una meseta triguera en la divisora de aguas entre los valles del Guadiana y Sado, Beja es la capital del Baixo Alentejo y un importante centro agrícola. Al aproximarse, se distingue claramente la silueta de la torre del homenaje del **castillo** (siglo XIII), oteando la ciudad. Conserva un rico patrimonio histórico. El castillo alberga un pequeño museo militar. Se puede ascender a la mencionada torre para disfrutar de vistas inmejorables de los extensos campos de cereal circundantes.

El legado monumental se completa con el **convento da Nossa Senhora da Conceição,** que aloja un museo regional, y la **Igreja de Santo Amaro**, del siglo VI, que alberga el **Museo Visigótico.**

▎MÉRTOLA ✶✶

Última localidad histórica del Alentejo, antes de adentrarnos en el Algarve, cuya influencia se nota en el ambiente. Romanos, visigodos y árabes dejaron su impronta en esta ciudad levantada junto al Guadiana, en la que se pueden visitar vestigios de las tres culturas. Conserva una curiosa **iglesia-mezquita** en la que aún es posible distinguir su planta original musulmana, y la **torre del homenaje** de su antiguo castillo que acoge un interesante museo lapidario.

✉ 55 km al S de Beja, 135 km al S de Évora
🛈 Oficina de turismo: Rua da Igreja, 31
☎ 286 610 109
🖥 www.visitmertola.pt

▼ Panorámica de la histórica Mértola ubicada en una ladera.

UNA RUTA EN COCHE

Por el corazón del Alentejo

▌ El itinerario descrito descubre los suaves paisajes del Alentejo. Dehesas de alcornoques, campos de cereales que cambian de color con las distintas estaciones, cursos de agua que marcan profundos surcos en el paisaje, haciéndolo agreste y atractivo, y pueblos blancos concentrados en medio de extensas llanuras vacías.

Se proponen dos alternativas que parten de Évora: la primera un circuito circular, y la segunda un viaje hasta el Algarve a través de carreteras secundarias.

TRAYECTO EN COMÚN

▌ Tome la IP2 hacia el sur dirección Beja (a 81 km)

Beja (▶ 104) conforma un conjunto monumental atractivo, que bien merece una visita pausada. Dedique un par de horas, para disfrutar sosegadamente de sus puntos de interés.

▌ Tome ahora la N260 hacia Serpa (a 29 km), la carretera cruza el Guadiana poco antes de llegar nuestro destino.

En **Serpa** (▶ 104) no deje de subir a las murallas de su antiguo castillo para disfrutar de un paisaje de campos interminables. Busque la Plaza Mayor para reponer fuerzas comiendo en uno de los mejores restaurantes de comida alentejana de la región. A partir de aquí, dos alternativas:

Distancia
Opción A 230 km
Opción B 225 km

Duración
Un día completo
con paradas y visitas

Punto de inicio
Évora

Punto de llegada
Opción A: Évora
Opción B: Vila Real de Santo António (Algarve)

Comida
Restaurante O Alentejano
Praça da República, 15
Serpa
☎ 284 544 335
🕐 12-14.30 y 19-21.30 h
Cierra lunes y domingo

▶ Los paisajes del Alentejo están llenos de bellos contrastes.

OPCIÓN: CIRCUITO CIRCULAR

❚ Salga por la N255 hacia Moura (a 29 km); desde aquí tome la N386 hasta Póvoa de São Miguel (a 16 km); tome el desvío por la EM517 hacia Mourão (a 19 km), la carretera atraviesa paisajes de gran belleza, incluyendo un largo puente sobre uno de los brazos del embalse de Alqueva.

Moura y **Mourão** son dos pequeños pueblos con todo el sosiego y tranquilidad de los pueblos del Alentejo. Ambos tienen un pequeño conjunto monumental.

❚ Tome la N256 para regresar hacia Évora (a 56 km). Antes de volver, a 13 km de Mourão, tome un desvío por una carretera comarcal hasta Monsaraz (a 5 km)

Visite **Monsaraz** (▶31), es una de los pueblos más bonitos de Portugal.

OPCIÓN: VIAJE HASTA EL ALGARVE

❚ Ahora hay que salir hacia el sur por la N265, a 15 km tome la N265.

Mértola (▶105) se asoma al Guadiana desde un otero, llamado el curso del río, que desde aquí se hace navegable. Disfrute de su emplazamiento tomando un café observando las vistas. Visite la iglesia-mezquita, una de las pocas conservadas en la península.

❚ Desde Mértola continúe por la N122. La carretera recorre bellos paisajes siguiendo el curso del río Guadiana, hasta la costa del Algarve a la altura de Vila Real de Santo António (a 70 km).

El **Algarve**

Tal vez el Algarve sea la región más conocida de Portugal, quizá también la más internacional. Y es que en pocas décadas, ha pasado de ser una de las zonas más atrasadas económicamente, a uno de los principales focos de desarrollo y crecimiento gracias al turismo. El Algarve, que conforma la estrecha franja de territorio del Portugal más meridional, es una de sus regiones más pequeñas y a la vez más diferenciadas. Diferente por historia, sujeta a una mayor influencia árabe, conformando un reino propio distinto del de Portugal; por costumbres y tradiciones; y por supuesto, por su clima mediterráneo, con más sol, más calor estival y menos precipitaciones. Si el norte de Portugal es afín a Galicia y el Alentejo nos recuerda a Extremadura, el Algarve sería la Andalucía portuguesa.

▌Faro

La capital del Algarve es la localidad más meridional del Portugal continental. Puerta de entrada para millones de turistas que llegan hasta el Algarve a través de su aeropuerto, está situada sobre una laguna abierta al mar pero protegida de su oleaje por una larga barrera arenosa de más de 10 km de longitud. Faro fue la última plaza musulmana tomada por los reyes cristianos portugueses en territorio peninsular. Su conquista en 1249 por Alfonso III supuso el final de la Reconquista en Portugal.

F aro es una agradable ciudad costera, con un interesante casco antiguo amurallado, y varios monumentos de interés turístico. Su designación como capital regional por el marqués de Pombal, dos años después del devastador terremoto de Lisboa (1755) que también aquí dejó su triste recuerdo, significó su despegue definitivo como la urbe más importante del Algarve.

LO QUE HAY QUE VER EN FARO

▌SÉ (CATEDRAL) ★★

El mayor templo de Faro se levanta sobre la plaza principal de la ciudad intramuros. Iniciada tras la conquista cristiana, es una mezcla de estilos fruto de los avatares que ha sufrido; ataques, guerras, terremotos y reconstrucciones. El valor arquitectónico no es quizá muy destacable, pero contiene valiosos paneles de

Faro
- ✉ 290 km al S de Lisboa
- ℹ Oficina de turismo:
  Rua da Misericórdia 8-12
- ☎ 289 803 604
- 🖰 www.cm-faro.pt
  www.visitalgarve.pt

◄ Faro del cabo de São Vicente.

▼ La catedral de Faro
  en la plaza principal.

- 🕐 110, D2
- ✉ Largo da Sé
- 🕐 Feb-nov: L-V, 10-18.30 h;
  S, 9.30-13 h. Dic y ene:
  L-V, 10-18 h; S, 9.30-13 h.
  Domingo solo misas.
- 🖰 www.cm-faro.pt
- 💲 Barato

FARO

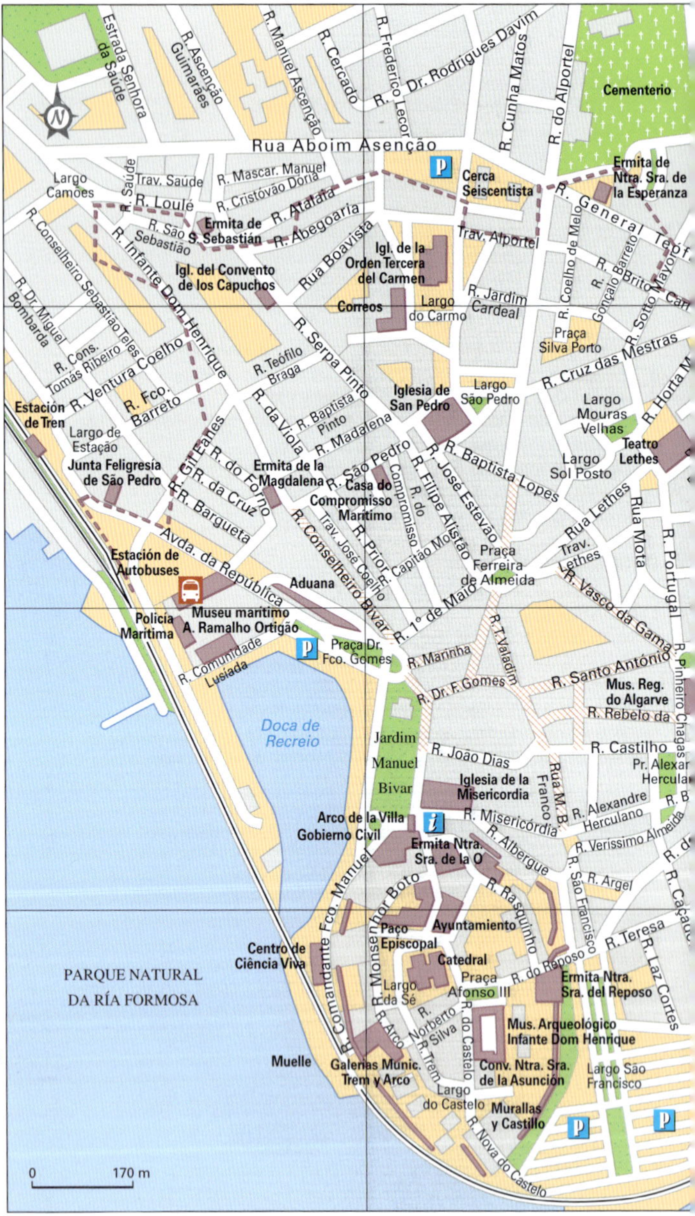

1 **2**

Estrada Senhora da Saúde

R. Ascenção Guimarães

R. Manuel Ascenção

R. Cercado

R. Frederico Lecor

R. Dr. Rodrigues Davim

R. Cunha Matos

R. do Alportel

Cementerio

A

Largo Camões

Trav. Saúde

R. Mascar. Manuel

Cerca Seiscentista

Ermita de Ntra. Sra. de la Esperanza

R. Loulé

R. Cristóvão Doria

R. São Sebastião

R. Atafaia

R. Abegoaria

Trav. Alportel

R. General Tebf

Ermita de S. Sebastián

R. Infante Dom Henrique

Rua Boavista

R. Coelho de Melo

R. Gonçalo Barreto

R. Brito

R. Soto Maior

R. Conselheiro Sebastião Teles

Igl. de la Orden Tercera del Carmen

Igl. del Convento de los Capuchos

Correos

Largo do Carmo

R. Jardim Cardeal

Praça Silva Porto

R. Cruz das Mestras

R. Dr. Miguel Bombarda

R. Cons. Tomás Ribeiro

R. Ventura Coelho

R. Fco. Barreto

R. Serpa Pinto

R. Teófilo Braga

R. da Viola

R. Baptista Pinto

R. Madalena

Largo São Pedro

R. Horta M

Iglesia de San Pedro

Largo Mouras Velhas

B

Estación de Tren

Largo de Estação

Junta Feligresía de São Pedro

R. Faães

R. do Forno

R. da Cruz

R. Bargueta

Ermita de la Magdalena

R. São Pedro

R. Prior

R. José Estevão

R. Filipe Alistão

R. José Baptista Lopes

Largo Sol Posto

Teatro Lethes

Rua Lethes

R. Portugal

Casa do Compromisso Marítimo

Trav. José Coelho

R. Capitão Mor

R. do Compromisso

Praça Ferreira de Almeida

Rua Mota

Trav. Lethes

R. Vasco da Gama

Avda. da República

Estación de Autobuses

Aduana

R. 1° de Maio

R. T. Veladim

R. Santo António

Mus. Reg. do Algarve

Policía Marítima

Museu marítimo A. Ramalho Ortigão

R. Comunidade Lusíada

Praça Dr. Fco. Gomes

R. Marinha

R. Dr. F. Gomes

R. Rebelo da

R. Pinheiro Chagas

C

Doca de Recreio

Jardim Manuel Bivar

R. João Dias

Iglesia de la Misericordia

R. Castilho

R. M.ª B.ª Franco

R. Misericórdia

R. Alexandre Herculano

Pr. Alexan Hercula

R. B

R. Verissimo Almeida

R. d

Arco de la Villa Gobierno Civil

Ermita Ntra. Sra. de la O

R. Albergue

R. Rasquinho

R. São Francisco

R. Argel

R. Caçã

R. Monsenhor Boto

PARQUE NATURAL DA RÍA FORMOSA

Centro de Ciência Viva

Paço Episcopal

Ayuntamiento

Catedral

Praça Afonso III

R. do Reposo

R. Teresa

R. Las Cortes

Ermita Ntra. Sra. del Reposo

R. Comandante Fco. Manuel

Largo da Sé

R. Norberto Silva

R. do Castelo

Mus. Arqueológico Infante Dom Henrique

D

Muelle

Galerias Munic. Trem y Arco

R. Arco

R. do Trem

Conv. Ntra. Sra. de la Asunción

Largo do Castelo

Largo São Francisco

Murallas y Castillo

R. Nova do Castelo

0   170 m

1 **2**

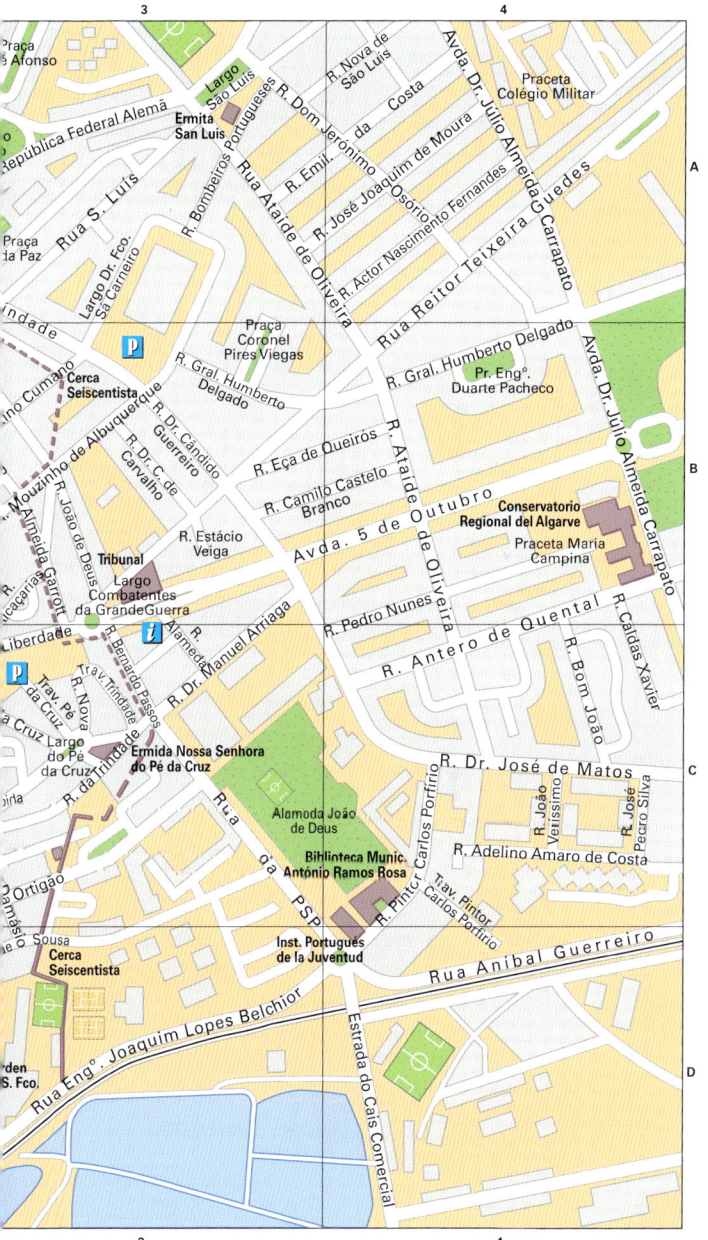

▲ La imponente fachada de la
Igreja do Carmo, en Faro.

azulejos (siglos XVII y XVIII) en las capillas laterales. Su
espacio interior cerrado por gruesos muros y pequeñas
ventanas resulta oscuro pero se convierte en un refugio
de frescor los días de calor veraniegos. Se puede subir a
la torre-campanario para disfrutar de excelentes vistas
de la ciudad y el entorno.

Contiguo en la misma Praça da Sé, se alza el magnífico
palacio arzobispal, **Paço Episcopal** que posee uno de los
frisos de azulejos más valiosos del país en su entrada.

I MUSEU MUNICIPAL ★★★

El antiguo convento Nossa Senhora da Assunção, situado detrás de la catedral, acoge este museo que se
divide en dos partes: el **Museu Arqueológico,** donde se
exhiben mosaicos, esculturas, capiteles y monedas de
los cercanos yacimientos romanos, además de lápidas y
sepulturas paleocristianas. Ocupa las salas de la planta
baja en torno al claustro del antiguo convento.

Y en el primer piso, se muestra la **Colección Ferreira
d'Almeida**, un aristócrata local que donó su colección
de pinturas, esculturas y mobiliario.

**I MUSEU MARÍTIMO ALMIRANTE
   RAMALHO ORTIGÃO** ★

Ocupa el edificio de la Capitanía General del Puerto
frente a los muelles deportivos del centro de la ciudad.
Tiene una colección de objetos relacionados con la

- 110, D2
- Largo Afonso III, 14
- Feb-nov: L-V, 10-18.30 h;
  S, 9.30-13 h. Dic y ene:
  L-V, 10-18 h; S, 9.30-13 h
- Barato

- 110, C1
- Rua da Comunidade Lusíada
- L-V: 9-12 h y 14.30-17 h
- Barato

pesca y la marina mercante. Una serie de maquetas de barcos ilustran la historia de las embarcaciones desde las carabelas a nuestros días. Otras salas están dedicadas a diversos aparejos como arpones para la pesca del atún o el tiburón, nasas para mariscos, palangres y redes.

I IGREJA DO CARMO ✱✱✱

Está situada al norte de la ciudad, en el Largo do Carmo, cinco minutos a pie desde la *Doca* del puerto. Esta iglesia barroca de imponente fachada fue comenzada en 1713, y decorada con el característico *horror vacui* barroco, no hay espacio que no esté recubierto de maderas de pan de oro. El contraste con la sombría y curiosa **Capela dos Ossos** (capilla de los huesos), que data de 1816, y cuyo única decoración son osamentas y cráneos humanos, que al igual que la existente en Évora, pretende recordarnos la frugalidad de la vida.

- 110, A2
- Largo do Carmo
- Todo el año: L-V: 9-13 h
  Invierno: L-V: 15-17 h
  y verano: L-V: 15-18 h
  S: 9-13 h. D: solo misa
- Iglesia: gratis. Capilla de los huesos: barato

I MUSEU REGIONAL DO ALGARVE ✱✱

Al este del centro y no muy alejado, es posiblemente el mejor museo etnográfico de la región. Maniquíes ataviados con trajes regionales, reconstrucciones de viviendas típicas, hornos de pan, cuadras, una tienda de ultramarinos tradicional, etc. Con fotografías y documentos que explican cómo fue la vida rural hasta bien entrados los años de la década de 1960 en el Algarve. La pieza estrella del museo es un **carro de aguador** que estuvo en uso en Olhão hasta 1974.

- 110, C2
- Praça da Liberdade, 2
- M-V: 10-18 h. S: 10-18.30 h
- 289 870 893
- Barato

▼ Barcos en el puerto de Faro.

UN PASEO A PIE

Por Faro

Distancia
3,5 km

Duración
De 3 a 5 horas dependiendo
de las visitas realizadas

Punto de inicio
Arco da Vila (Jardines
de Manuel Bivar)

Punto de llegada
Jardines de Manuel Bivar

▌Comenzamos el paseo en los **Jardines de Manuel Bivar,** centro vital de Faro. Justo en el extremo sur de los mismo se halla el Arco da Vila, que servía de entrada a la antigua ciudad amurallada.

Los acogedores jardines situados frente al puerto son un remanso de paz en esta bulliciosa capital. Las vistas, su céntrica situación y lo agradable de las sombras de sus árboles lo hacen un lugar idóneo para el descanso.

▌Se conserva bastante bien el perímetro amurallado (siglo XII) de la antigua ciudad de Faro. El **Arco da Vila** construido en el siglo XVIII, señala el punto de acceso a un conjunto de calles empedradas, tranquilas y sin apenas tráfico en el que se concentran una buena parte de los atractivos turísticos de la ciudad. Si continuamos por la Rua do Municipo llegamos a la Praça da Sé, con la fachada de la **catedral,** el antiguo **Palacio Episcopal,** y el **Museu Municipal de Faro** que ocupa un antiguo convento.

Salga ahora del recinto amurallado por la puerta oriental, Arco do Repouso, y diríjase hacia el norte hacia las calles peatonales más comerciales. Pregunte por la Praça Ferreira de Almeida, y desde allí dirijase a la Rua de Portugal.

▌En un extremo de esta calle se levanta el **Teatro Lethes,** que se construyó en una capilla del antiguo colegio jesuita de Santiago Maior, a imagen y semejanza, reducida eso sí, del Teatro Scala de Milán. Tiene un variado programa de temporada.

Cruce el Largo das Mouras Velhas y tome la Rua do Sol hacia el norte, gire a la izquierda y siga recto atravesando la Rua do Alportel hasta el Largo do Paço que lleva hasta el Largo do Carmo.

▌Aquí podrá visitar la famosa **Capela dos Ossos,** situada dentro de la **Igreja do Carmo.** Su fachada barroca preside la plaza.

Regrese ahora por la Rua de São Pedro, hasta la Avenida da República.

▌Junto al puerto, verá en primer plano el edificio de la Comandancia de la Marina, en el que se aloja el **Museu Marítimo Almirante Ramalho Ortigão.**

Después puede regresar disfrutando de las vistas de los barcos deportivos amarrados, bordeando los muelles hasta regresar al punto de partida en los Jardines de Manuel Bivar.

▶ Calle peatonal en el centro histórico de Faro.

LO QUE HAY QUE VER EN EL ALGARVE

▌ ESTÓI ★★

Estói se encuentra a 10 km al norte de Faro, saliendo por la N2. En esta pequeña localidad, se sitúa el yacimiento romano más importante del sur del país, **Milreu**, y un precioso palacio rococó que perteneció a los condes de Carvalhal y Vizcondes de Estói. El Palacio ha sido transformado en una lujosa Pousada. Merece la pena acercarse para descubrir los maravillosos jardines, que combinan elementos arquitectónicos italianizantes como las escalinatas con balaustradas, templetes y fuentes, con un marcadísimo estilo portugués en la decoración donde el azulejo es el protagonista.

▌ ALMANCIL ★★

Merece la pena realizar una pequeña excursión hasta este pequeño pueblo, situado a unos 12 km de la capital (por la IC4 y N125) para admirar una de las joyas arquitectónicas del sur de Portugal, la **Igreja de São Lourenço**. Construida en 1740 por suscripción popular, la iglesia posee unos murales de azulejo portugués extraordinarios que revisten completamente paredes y techos. Los paneles describen escenas de la vida de San Lorenzo, su obra y milagros. Nada se libra del alicatado, que milagrosamente solo sufrió daños menores en su bóveda –media docena de azulejos se desprendieron– por el terremoto de 1755. Está considerado como el segundo mejor conjunto del país.

Unos 2 km más adelante, **Almancil** es conocida por sus talleres y tiendas de cerámica típica.

▌ ALJEZUR ★

Emplazada en una colina cercana al mar, sus casas blancas se escalonan desde el castillo califal del siglo X que corona la peña hasta el río. Es un buen punto de partida para excursiones por la Costa Vicentina del Algarve.

▌ CABO DE SÃO VICENTE (▶30) ★★★

▌ SAGRES ★

Esta pequeña localidad fue la escogida por Enrique el Navegante para construir su famosa escuela de Navegación que tanto influyó en el devenir de los descubrimientos marítimos de ultramar. En la **Punta de Sagres** se puede visitar la **fortaleza** donde se encontraban las dependencias de la institución.

Fuertes murallas vigilan el acantilado estratégicamente situado a pocos kilómetros del cabo de San Vicente, rodeado de un paisaje duro, azotado por fuertes vientos, de rala vegetación. Lo mejor, sus playas salvajes de paisajes naturales que combinan mar, roca y arena.

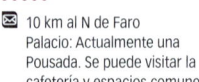

✉ 10 km al N de Faro
Palacio: Actualmente una Pousada. Se puede visitar la cafetería y espacios comunes

✉ 13 km al NO de Lagos

Igreja de São Lourenço
✉ Rua da Igreja
🕐 Verano: 15 de abr-15 de oct:
M-S: 10-13 h y L-S: 15-18 h
Invierno: 16 de oct-14 de abr:
M-S: 10-13 h y L-S: 15-17 h.
D: solo misas.
☎ 289 395 451
🌐 www.cm-loule.pt
📧 Barato

✉ 30 km al NO de Lagos
🛈 Oficina de turismo: Rua 25 de Abril, 62
☎ 282 998 229
🌐 www.cm-aljezur.pt

✉ 32 km al O de Lagos
🛈 Oficina de turismo: Rua Comandante Matoso, 75
☎ 282 624 873

▲ Punta y fortaleza de Sagres.

▌LAGOS ★★★

Una de las localidades más hermosas y completas de la región, Lagos ha preservado su encantador casco histórico casi intacto rodeado de murallas, mientras los hoteles y complejos han sido construidos a las afueras, cercanos a las playas tan características por su paisaje de acantilados rojizos y arena. El centro histórico bien merece una visita para poder admirar la **Igreja de Santo António** con una decoración extraordinaria de tallas doradas, lienzos y azulejos; el **Mercado des Escravos**, tristemente célebre por haber sido el primero establecido en territorio europeo, o el **Forte da Ponta da Bandeira,** bonita construcción a la entrada del puerto.

Pero quizá una de las razones de peso para no dejar de conocer Lagos sean su playas, en especial las que se encuentran en el promontorio de **Ponta da Piedade.** Las vistas desde el faro sito en el cabo son extraordinarias, y se pueden realizar paseos recorriendo los acantilados.

▌MONCHIQUE ★

Situada a las faldas de la montaña más alta del Algarve, el pico de **Fóia** que alcanza los 902 m, y rodeada de bosques de alcornoques, pinos y eucaliptos supone un descanso a los rigores del calor durante los largos veranos meridionales. La localidad transmite sosiego y tranquilidad salvo si se visita un segundo viernes de mes, que es cuando tiene lugar uno de los mayores mercados del sur del país.

Monchique es conocido por sus talleres de artesanos que trabajan madera, cerámica y mimbre. No dejéis de probar la especialidad local, el frango *piri-piri* (pollo con pimentón picante). A 6 km se encuentra **Caldas de Monchique**, un elegante balneario de aguas medicinales, ya conocidas por los romanos.

▲ Fachadas coloridas del pueblo de Monchique.

Fortaleza de Sagres
🕐 Verano: may-sep, 9.30-20 h
   Invierno: oct-abr, 9.30-17.30 h
💳 Barato

✉ 90 km al O de Faro
ℹ Oficina de turismo: Antigos Paços do Concelho. Praça Gil Eanes
   ☎ 282 763 031
   🌐 www.cm-lagos.pt

Forte da Ponta da Bandeira
🕐 M-D: 10-13 h y 14-18 h

✉ 25 km al N de Portimão; 85 km al NO de Faro
ℹ Oficina de turismo: Largo de São Sebastião
   ☎ 282911 189
   🌐 www.cm-monchique.pt

19 km al E de Lagos;
70 km al O de Faro
Oficina de turismo:
Largo da Barca
282 402 487

PORTIMÃO

Centro industrial e importante puerto, Portimão es una ciudad populosa que ha crecido sin demasiado orden. No obstante, quien se aventure a descubrir el centro, encontrará arquitectura típica alrededor del **Largo Primero de Dezembro**, una bella iglesia parroquial (Igreja Matriz), y varias calles empedradas muy comerciales. La ciudad goza de fama gracias a su pescado y marisco servido fresco de las capturas diarias del puerto. La lonja es de las más importantes del Algarve. Pero quizá la principal razón para llegar o pasar por Portimão sea su hermosa playa. **Praia da Rocha** fue pionera del desarrollo turístico en la región, y hoy cuenta con muchos complejos hoteleros.

En un extremo un **fuerte** protege la boca de la ría, mientras que en el otro el extenso arenal presenta los característicos acantilados de roca rojiza.

▲ Las verdes aguas en la Ponta da Piedade son un reclamo para los visitantes.

SILVES ***

Silves es una ciudad monumental de gran importancia histórica. La *Xelb* árabe fue capital del Algarve musulmán, y tras su reconquista en 1242, también del cristiano durante varios siglos.

Situada en el interior, no ha sufrido en exceso los abusos del desarrollo turístico, si bien recibe miles de turistas cada día. La razón: un casco histórico completo, coronado por un **castillo** con unas **murallas** califales muy bien conservadas y una **catedral** gótica.

60 km al O de Faro;
20 km al NE de Portimão
Oficina de turismo: Estrada Nacional 124
282 098 927
www.cm-silves.pt

ALBUFEIRA *

Albufeira se ha convertido en la capital del turismo internacional del Algarve. Una temporada cada vez más larga ha permitido el desarrollo de una extensa red de alojamientos, *resorts* y establecimientos turísticos.

A pesar de ser el ejemplo de la profunda transformación que el turismo ha producido en el Algarve durante las últimas décadas, Albufeira sigue conservando su encanto, por la belleza de sus playas, y lo acogedor de su centro histórico lleno de rincones tranquilos, calles empedradas y casas encaladas. Dos iglesias sencillas, antiguas y hermosas, son los puntos de referencia monumental, la **Capela da Misericórdia** y la **Igreja de São Sebastião**. El sabor marinero y pescador de la localidad todavía se puede sentir en la lonja donde se subastan las capturas diarias hasta encontrar comprador al mejor precio, o bien, en la propia playa donde aún recalan varadas las barcas pintadas de vivos colores rodeadas de redes y aparejos de pesca.

45 km al O de Faro
Oficina de turismo: Rua 5 de Outubro
289 585 279

▼ El casco histórico de Silves está repleto de edificios monumentales.

• • • • • • • •

✉ 17 km y 25 km al O de Faro
respectivamente
ℹ Oficina de turismo: Praça do
Mar; 8125-156 Quarteira
☎ 289 389 209

• • • • • • • •

✉ 17 km al NO de Faro
ℹ Oficina de turismo: Avenida 25
de Abril, 9
☎ 289 463 900

• • • • • • • •

✉ 8 km al E de Faro
ℹ Oficina de turismo: Travessa
da Lagoa, 6
☎ 289 713 936

• • • • • • • •

✉ 30 km al E de Faro;
22 km al E de Olhão
ℹ Oficina de turismo: Praça da
República, 5
☎ 281 322 511
🖥 www.cm-tavira.pt

▲ La Igreja de Santa Maria do
Castelo, en Tavira.

❙ VALE DO LOBO Y VILAMOURA ✶

Son las dos localidades creadas por el desarrollo planificado del turismo del Algarve, intentando respetar las características específicas de la arquitectura local. Ambas crecieron en torno a urbanizaciones de lujo rodeadas de los mejores campos de golf, instalaciones deportivas y prestigiosas escuelas de tenis. La primera es algo más exclusiva. En sus inmediaciones, hay puertos deportivos con capacidad para más de 1.000 amarres, e infraestructuras para todo tipo de deportes marinos.

❙ LOULÉ ✶

Importante capital comarcal del Algarve interior, esta ciudad es famosa por su comercio y artesanía. Aquí se pueden encontrar los mejores alfareros, curtidores, latoneros y esparteros de la región; y comprar cerámica, capazos, alpargatas y cestos, trabajos de cobre o latón, y cueros para guarniciones y arreos. Todo ello en un conjunto de calles junto a su popular **Mercado Municipal** neomudéjar del siglo xix.

❙ OLHÃO ✶

Villa de pescadores volcada en la industria conservera. Lo más curioso de Olhão es su arquitectura singular, con chimeneas, terrazas y miradores en las azoteas que se distribuyen a distintos niveles unidos por escaleras exteriores. El aspecto moruno del conjunto parece trasladarnos a Marruecos, sobre todo en el **barrio marinero de Barreta**, junto al puerto pesquero, donde también se suceden los buenos restaurantes y se halla un bonito mercado. Desde el paseo marítimo se pueden coger varios barcos para visitar la ría Formosa.

❙ TAVIRA ✶✶

Esta ciudad pintoresca conserva intacto todo su encanto provinciano. Su puerto fue de gran importancia, antes del avance de la línea de costa por la acumulación de arena del río Gilão y la formación de la extensa barrera de la **Ilha de Tavira** que se ha convertido en Reserva Natural de fauna y flora. Se puede visitar, hay barcos en temporada alta desde el muelle.

Merece la pena realizar un paseo pausado por su centro histórico. Sus calles están empedradas, las plazas ajardinadas, hay muchos rincones con capillas o fachadas de sencillas iglesias y las casas presentan una arquitectura tradicional muy característica, con tejados a cuatro aguas, y las peculiares **chimeneas,** de formas inconfundibles, verdaderos emblemas del Algarve.

El **castillo** que se levanta en lo más alto del caserío, es el mejor mirador para tener una visión de conjunto y observar los detalles de tejados y terrazas. La **Igreja**

de Santa Maria do Castelo en el propio castillo es una de las más valiosas de la ciudad, con profusa decoración barroca, y las tumbas de los siete caballeros de la Orden de Santiago.

Abajo, sobre el río, la **Ponte Velha** (puente viejo) sigue uniendo ambas riberas a las que miran fachadas, muelles, la lonja y el mercado, en la que es la zona más viva y bulliciosa de la ciudad.

CACELA VELHA ✶
A 9 km al oeste de Monte Gordo, surge esta preciosa aldea fortificada llena de encanto, que vigila la laguna desde un pequeño promontorio, con sus barcas de pesca en la playa.

CASTRO MARIM ✶✶
Apenas cruzado el puente internacional del Guadiana, se vislumbra sobre el primer otero portugués la **fortaleza** (siglo XVII) y **castillo** medieval, que caracterizan esta villa, centinela de la frontera con Andalucía.

VILA REAL DE SANTO ANTÓNIO ✶
A 6 km al sur de Castro Marim. Ciudad fundada por el Marqués de Pombal en 1774, producto del urbanismo racional, que se alza frente a Ayamonte (Huelva), en la desembocadura del río Guadiana.

La **Praça Marqués de Pombal** es su lugar más emblemático y atractivo, ornamentado con naranjos y rodeado de calles peatonales de casas típicas. La **Igreja Matriz,** que posee capillas rococó, la militar **Casa da Guarda** y la **Câmara Municipal** son sus edificios emblemáticos. Un agradable paseo se extiende a lo largo de la ribera del río, con numerosos restaurantes. Junto a la vieja **aduana** se encuentran los muelles que sirven de punto de llegada a los viajeros que vienen desde España en barcas.

▲ Las coloridas fachadas de las casas en Tavira le otorgan un aire colonial.

• • • • • • • •

🖂 12 km al O de Vila-Real de Santo António, 13 km al E de Tavira, 45 km al E de Faro

• • • • • • • •

🖂 5 km al N de Vila-Real de Santo António
ℹ Oficina de turismo: Rua de S. Sebastião (Mercado Local)
☎ 281 531 232
🖰 www.cm-castromarim.pt

Castillo de São Sebastião
🕐 Oct-abr: 9-17 h. May-sep: 9-19 h
🎫 gratis

• • • • • • • •

🖂 7 km de la frontera española, 55 km al E de Tavira. Transbordadores a Ayamonte, España en la Ribera del Guadiana
ℹ Oficina de turismo: Centro Cultural António Aleixo, Rua 5 de Outubro
☎ 281 542 100

UN PASEO EN COCHE

Por la Costa Vicentina Algarve Occidental

Distancia
200 km

Duración
Un día completo con paradas y visitas

Punto de inicio
Lagos

Punto de llegada
Lagos

Comida
Tasca d'Arrifana
Praia da Arrifana
☎ 964 844 534
🖥 www.tasca-arrifana.com

▼ Praia da Bordeira.

Este itinerario circular se inicia en Lagos. Se dirige por la N125 hacia el oeste hasta el Cabo San Vicente. Después, corre paralelo a la fachada atlántica occidental del Algarve hasta Aljezur, aquí gira al este por carreteras de montaña para llegar a Monchique, desde donde regresa a Lagos, vía Portimão.

La primera parte de la ruta trascurre por la plataforma rocosa de Sagres-San Vicente. Nuestra primera parada es Sagres, donde visitaremos la fortaleza en la que se encuadra la histórica Escuela de Navegación, para continuar después por el cabo de São Vicente, extremo suroccidental de Europa.

Desde el Cabo San Vicente hasta Aljezur, el recorrido se alarga unos 45 km de sur a norte, por la N268.

El paisaje es ondulado, a veces montañoso, salpicado de retamas, arbustos pero también pitas y plantas xerófilas que se combinan con algunos bosques de pinos y eucaliptos y algunos aerogeneradores situados en lo alto de las lomas cercanas dan fe de la potencia de los vientos que agitan este extremo suroccidental de la península Ibérica. En nuestro camino nos encontramos con localidades como **Vila do Bispo,** un pueblecito recogido en torno a dos plazas, la más grande presidida por la Iglesia parroquial que es una buena base para explorar las playas vírgenes del cercano litoral. A solo 6 km **Torre da Aspa** es un mirador natural que se erige a 156 m de altura sobre el mar.

Continuando por la N268, 15 km nos separan de una nueva pequeña localidad de costa, cercana a playas salvajes en bellos paisajes naturales.

Carrapateira ha sabido desarrollar una discreta industria turística basada en el deporte; hay escuelas de vela, submarinismo y, sobre todo, surf. Su mayor atractivo son sus playas. Al norte Praia da Bordeira, y al sur Praia do Amado; ambas cuentan con servicios y quioscos de bebidas.

Continuamos por la N268 hasta Alfambras (14 km), de ahí la N120 hasta llegar a un pequeño desvío a la izquierda que señala Arrifana (9 km)

Arrifana es un enclave de pescadores, con una playa encajonada entre acantilados de gran belleza. El pueblo tiene abundantes restaurantes de pescado fresco, y es un lugar estupendo para comer. Un lugar recomendable es el cabo de Punta de Arrifana, allí en las afueras del pueblo y metido sobre el mar bravo, un alto acantilado proporciona una panorámica es-

▲ En la costa occidental del Algarve se pueden hacer actividades deportivas como el surf.

pectacular. Se puede comer en la Tasca d'Arrifana, un restaurante típico con especialidades locales, pescado fresco y terraza exterior para disfrutar de las vistas.

▌Después de comer, podemos seguir la carretera comarcal M1003 a través de Vale da Telha hasta la Praia de Monte Clérigo, donde podemos darnos un chapuzón, para continuar después hasta Aljezur (unos 12 km).

Aljezur (▶116) es un pueblo típico apiñado en torno a la colina que corona su castillo árabe. Ubicado en un estuario antiguamente navegable, su cercanía al mar, también la convierten en un estupendo punto de partida para excursiones hacia el litoral. En sus calles podremos encontrar agradables cafés y algunas tiendas de artesanía típica.

▌Nuestra ruta gira aquí hacia el interior por una carretera de montaña en dirección a Monchique. Siguiendo la N267 atravesaremos bosques de eucaliptos y pinos, cobrando altura rápidamente.

Monchique (▶117), a los pies del pico Fóia, es una tranquila localidad famosa por su artesanía y por sus aguas minerales. Situada a más de 600 m de altura, muchos excursionistas vienen a realizar senderismo entres sus peñas o simplemente a escapar de los rigores del calor estival y comer en algunos de sus restaurantes. El famoso balneario **Caldas de Monchique** está situado a 6 km del centro del pueblo. Sus aguas poseen importantes valores medicinales y fueron ya utilizadas en tiempos de los romanos.

▼ Aguas medicinales de Caldas de Monchique.

▌Volvemos ahora hacia la costa por la N266, 26 km separan Monchique de Portimão.

Portimão es una ciudad industrial y portuaria, sin gran interés turístico, pero situada en el bello paraje natural de la ría del Arade. **Praia da Rocha**, a 2 km del centro, es un hermoso arenal que se ha convertido en importante centro vacacional.

▌Terminaremos nuestra ruta, regresando a Lagos a poco más de 20 km por la A22 o la N125.

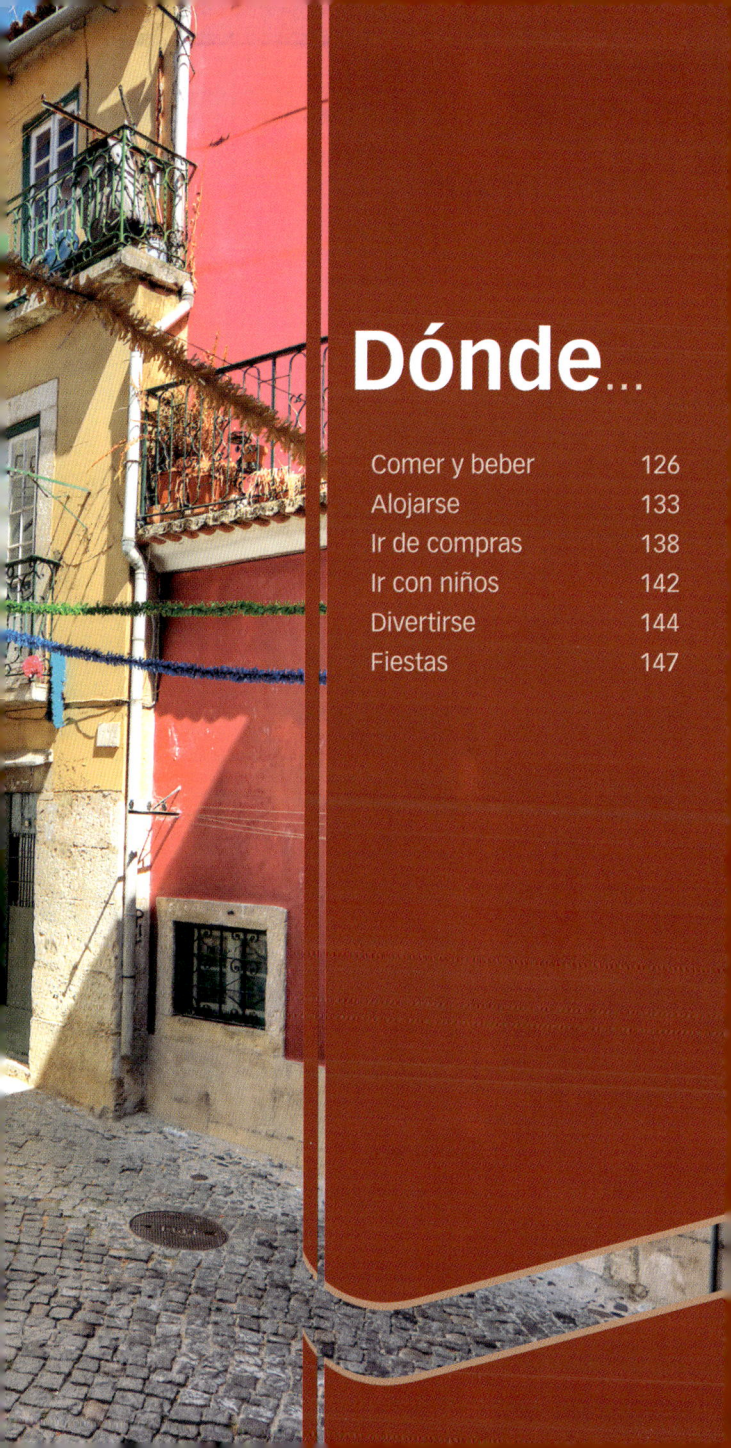

Dónde...

Restaurantes

OPORTO NORTE Y BEIRAS
Oporto

Adega Vila Meã (E)
- ✉ Rua dos Caldeireiros, 62
- ☎ 910 975 184
- ⏱ X-D: 17-23 h

Sencilla casa de comidas que sirve platos regionales abundantes, sabrosos y copiosos. A menudo con media ración es suficiente. Está situada cerca de la Torre dos Clérigos.

Café Majestic (C)
- ✉ Rua Santa Catarina, 112
- ☎ 222 003 887
- 🌐 www.cafemajestic.com
- ⏱ L-S: 9-23.30 h

Quizá lo más interesante sea su encanto e historia. Decorado con espejos y dorados, es desde el siglo XVIII toda una referencia en Oporto.

Postigo do Carvão (E)
- ✉ Rua Fonte Taurina, 24-34
- ☎ 222 004 539
- 🌐 www.postigodocarvao.com
- ⏱ 11-24 h

Hay platos de pescado y sobre todo bacalao, preparado de diversas formas y siempre

---

Precio

Portugal, a pesar de haber sufrido en los últimos años una subida de precios generalizada, continúa siendo un país donde comer resulta algo más económico. Se han detallado tres categorías básicas para orientar en los precios de los restaurantes reseñados en esta guía.

Como referencia se toma una comida con bebida y postre.

E: menos de 20 €
M: entre 20 y 50 €
C: más de 50 €

---

delicioso. El local ofrece música en vivo algunas noches.

Casa Nanda (M)
- ✉ Rua da Alegria, 394
- ☎ 225 370 575
- ⏱ 12.15-15 h y 19-22 h. Cierra D noche y L

Comida casera con raciones abundantes. Buena calidad de los productos y servicio atento.

Adega Bebe-Se Mal (E)
- ✉ Rua de Belmonte, 96
- ☎ 911 119 909
- ⏱ M-V: 12-15 h y 19-1 h. S: 19-1 h . D: 12.15.30 h y 19-11.30 h

Pequeño restaurante de cocina casera a precios asequibles.

Scarlett Brasserie & Wine Bar (M)
- ✉ Praça D. Filipa de Lencastre, 62
- ☎ 223 398 500

En las inmediaciones de la estación de Sao Bento, pertenece a un elegante establecimiento hotelero y presenta una cuidada y variada carta.

Amarante

Largo do Paço (C)
- ✉ Largo do Paço, 6
- ☎ 255 410 830
- 🌐 www.largodopaco.com
- ⏱ J-S: 19.30-22.30 h

Estupendo restaurante distinguido con una estrella Michelin liderado por el chef Tiago Bonito. Sirve menús de degustación.

Zé da Calçada (M)
- ✉ Rua 31 de Janeiro, 83
- ☎ 255 426 814
- ⏱ 12-15 h y 19-22 h
- 🌐 www.zedacalcada.com

Más turístico debido a las estupendas vistas del puente de Amarante, y el tranquilo recodo del río Támega sobre el que se asienta su terraza.

Barcelos

Casa dos Arcos (M)
- ✉ Rua Duques de Bragança, 158
- ☎ 253 826 265
- ⏱ 12-15.30 h y 19-23.30 h Cierra D noche y M

Excelente cocina casera en la que destacan los pescados. Se recomienda reservar los días de mercado (jueves).

Braga

Café Vianna (E)
- ✉ Praça da República
- ☎ 253 262 336
- ⏱ L-J: 8-24 h. V-S: 8-2 h D: 9-19 h

Ideal para comer de forma ligera mientras se disfruta desde la terraza de toda la actividad de la ciudad. Hay que probar el hojaldre relleno con calabaza dulce (charuto de chila) o las finas lonchas de ternera (prego) en un rollo de pan, algunas deliciosas especialidades del local.

Tasquinha do Fujacal (E)
- ✉ Alameda do Fujacal, 99
- ☎ 253 260 020
- ⏱ L: 11.30-15 h. M-S: 11.30-14.30 h y 19-21.30 h

Tasca popular muy frecuentada con platos caseros de lo mejor de la cocina del Minho a precios razonables.

Bragança

Solar Bragançó (M)
- ✉ Rua da Sé, 34
- ☎ 273 332 875
- ⏱ 12-15 h y 19-22 h Cierra D noche y L

Lo mejor de la comida transmontana. Más de 30 años deleitando a los comensales. Especializados en platos caza.

G Pousada (M)

- Estrada de Turismo Sudeste,
- 273 331 493
- 19-24 h

Quizá el mejor restaurante de la ciudad pues aúna buena comida con vistas panorámicas desde el pequeño otero en el que se alza.

Coímbra

Zé Manel dos Ossos (E)

- Beco do Forno 12
- 239 823 790
- L-V: 12.30-15 y 19.30-22 h. S: 12.30-15 h

Restaurante tradicional que destaca por sus platos caseros y menús a buen precio. Muy popular entre la comunidad universitaria.

Dom Pedro (E)

- Avenida Emidio Navarro, 58
- 239 820 814
- 12-15 h y 19-23 h

En pleno centro de la zona turística de Coímbra, junto al puente que une casco histórico y la zona residencial de Santa Clara, dispone de una sala con mucha luz y vistas. Se come muy bien, abundante y a buen precio.

Guimarães

Vira Bar-Restaurante (M)

- Alameda de São Dâmaso, 277
- 934 134 013
- 12-15 h y 19.15-24 h. Cierra D al mediodía y L

Está situada en una vivienda antigua del casco histórico, es una casa de vinos tranquila y decorada con mucho encanto. Ofrece platos de cocina portuguesa e internacional.

Valença do Minho

Pousada de São Teotónio (M)

- Baluarte do Socorro
- 251 800 260
- 19.30-21 h

El más conocido de los restaurantes de esta población fronteriza que domina el curso bajo del Miño. Su terraza es ideal para comer platos regionales con las vistas del valle y su estuario.

Viana do Castelo

Tasquinha da Linda (M)

- Doca das Marés, A-10
- 63 012 360
- http://tasquinhadalinda.com
- L-S: 12.15-15 h y 19.15-22.30 h

Pescado y marisco fresco. Un clásico de Viana. Además de la excelencia de sus platos ofrece unas bonitas vistas del puerto. Conviene reservar.

LISBOA Y ESTREMADURA
Lisboa

Príncipe do Calhariz (E)

- Calçada do Combro, 28
- 213 420 971
- http://principedocalhariz.pt
- 12-15 h y 19-22.30 h. Cierra S

Restaurante de cocina tradicional portuguesa. Suele estar lleno, pero el ambiente es agradable y tiene una buena relación calidad-precio.

Belcanto (C)

- Rua Serpa Pinto, 10 A
- 213 420 607
- http://belcanto.pt
- M-S: 12.30-15 h y 19-24 h

Elegante restaurante liderado por el chef José Avillez que sirve comida tradicional actualizada, está situado en una de las zonas más emblemáticas de la ciudad y es frecuentado por un selecto público. Ha sido reconocido con dos estrellas Michelin.

The Food Temple (M)

- Beco do Jasmim 18, Mouraria
- 218 094 288
- www.thefoodtemple.com
- M-D: 18.30-23 h

Una joya escondida en Lisboa que sirve comida

Tripas

Las *tripas à moda do Porto* (callos con habichuelas) es el plato típico de Oporto, sabroso, rico y potente. Se trata de una de las señas de identidad por las que la gente de la laboriosa capital del norte es conocida en todo el país.

vegana deliciosa. Solo está abierto a la hora de cenar.

Ramiro (M-C)

- Av. Alm. Reis 1 H
- 969 839 472
- www.cervejariaramiro.com
- M-D: 12-0 h

Una de las marisquerías más famosas de Lisboa. Merece la pena tener paciencia para conseguir una mesa.

Tasquinha do Lagarto (M)

- Rua de Campolide, 258
- 213 883 202
- M-S: 12-15.30 h y 19.30-22.30 h

Restaurante muy popular de cocina tradicional portuguesa. Conviene llegar pronto para lograr una mesa.

SUD Lisboa (M-C)

- Av. Brasília, Pavilhão Poente (al lado del MAAT)
- 211 592 700
- www.sudlisboa.com
- L-J y D: 10-1 h. V y S: 10-2 h

Restaurante sofisticado con terraza, piscina y vistas al Tajo que sirve cocina local reinventada y cócteles.

Nunes Real Mariscaria (M-C)

- Rua Bartolomeu Dias, 172 E F
- 213 019 899
- www.nunesmarisqueira.pt
- L-S: 12.30-0 h. D: 12.30-23 h

Marisquería situada en el refinado barrio de Restelo, a unos pasos de Belém, que prima por la excelencia de los productos y el servicio.

El pan

Al igual que en España, las distintas variedades de pan que se encuentran por todo el país acompañan a la perfección los platos regionales. Hay panes de torta, barras y bollos. En el norte, el bollito típico se denomina *paozinho*. En Lisboa y el sur, se consume el *papo seco*. La *Broa* es un pan especial muy denso y pesado elaborado a base de harinas que mezclan maíz y trigo.

Solar dos Presuntos (M-C)
✉ Rua das Portas de Santo Antao, 150
☎ 213 424 253
🖥 solardospresuntos.com
🕐 12-15.30 h y 18.30-23 h Cierra D y festivos

En las proximidades de la Avenida da Liberdade, destaca por sus platos tradicionales y mariscos. Es uno de los mejores restaurantes de esta calle peatonal.

Gambrinus (C)
✉ Rua das Portas de Santo Antão, 23
☎ 213 421 466
🖥 www.gambrinuslisboa.com
🕐 12-24 h

Uno de los mejores restaurantes de pescado y marisco de la ciudad. En una zona peatonal repleta de terrazas y restaurantes. Se pueden tomar tapas en la barra también.

100 Maneiras (C)
✉ Rua do Teixeira, 39
☎ 910 918 181
🖥 100maneiras.com
🕐 19.30-21 h

Situado en el *Bairro Alto*, es un local íntimo y sofisticado liderado por el reputado chef Ljubomir Stanisic.

Alcobaça

Trindade (M)
✉ Praça Dom Henriques 22
☎ 262 582 397
🕐 L-V: 8.30-15 h. V y S: 19-22 h

Descansa junto al monasterio en la tranquila y acogedora plaza arbolada que acota las dependencias conventuales.

Batalha

Vintage (Hotel Lis Batalha) (M)
✉ Largo Mestre Afonso Domingues, 6
☎ 912 539 145
🖥 www.hotellisbatalha.pt
🕐 13-15 h y 19.30-22 h

Al igual que en Alcobaça, este restaurante es una buena opción a la hora de la comida antes o después de la visita del monasterio.

Cascais

Jardim dos Frangos (E)
✉ Avenida Combatentes da Grande Guerra, 168
☎ 214 861 717
🕐 10-23 h
🖥 http://jardimdosfrangos.com

Uno de los sitios más populares de la ciudad balnearia. Preparan pollo, ensaladas y sardinas asadas, con sencillez pero exquisito. Suele haber colas sobre todo en temporada y fines de semana.

Baía Grill (Hotel Bahía Cascais) (M)
✉ Passeio de Luís I
☎ 214 831 033
🖥 hotelbaia.com/es/restaurant
🕐 12-14.30 h y 19-23 h

Entre el casco histórico y el puerto deportivo, es un lugar ideal para comer platos a la brasa. Con algunas opciones vegetarianas.

O Pescador (M)
✉ Rua das Flores, 10-B
☎ 214 832 054
🖥 restaurantepescador.com
🕐 12-23 h. Cierra X

Un restaurante dedicado en cuerpo y alma al mar. Cuidados platos e ingredientes han conseguido que desde décadas sea un referente. Lo frecuentan realeza y personalidades de la política o la televisión.

Porto Santa Maria (C)
✉ Estrada do Guincho
☎ 214 879 450
🕐 12.15-15.30 h y 19.15-22.30 h Cierra D cenas y S

Más de 70 años sirviendo platos al máximo detalle. Uno de los restaurantes más refinados del país, con unas vistas excelentes de del Atlántico.

Estoril

Cimas (C)
✉ Avenida Marginal
☎ 214 681 254
🖥 www.cimas.com.pt
🕐 L-S: 12.30-15 y 19.30- 23 h

Un restaurante para hacerse una idea de la vida aristocrática en Estoril de mediados del siglo xx. En una elegante mansión inglesa con amplios ventanales y vistas al mar, ofrece cocina internacional.

Óbidos

A Nova Casa de Ramiro (M)
✉ Rua Porta do Vale, 12
☎ 967 265 945
🕐 12-23 h. Cierra L al mediodía y D

Un restaurante clásico en una elegante sala de piedra y estuco con un toque chic. Situado en el centro histórico de la bella localidad, ofrece platos de cocina internacional.

Pousada do Castelo (M)
✉ Paço Real
☎ 210 407 630
🖥 www.pousadas.pt
🕐 13-15 y 19.30-22 h

Ubicado dentro de la lujosa *pousada*. Se respira un ambiente recogido. Es un sitio íntimo y romántico, por lo que es recomendable elegirlo para cenar. Imprescindible reservar.

Nazaré

Aki-D'el-Mar (M)
- ✉ Avenida Manuel Remígio, 8
- ☎ 262 551 028
- ⏱ 11-22 h. Cierra M

Una marisquería excelente en una de las poblaciones más marineras de Portugal. Buena relación calidad-precio. Suele estar lleno.

Setúbal

O Rei do Choco Frito (E)
- ✉ Av. Luísa Toda, 92
- ☎ 265 221 688
- ⏱ 12-22 h. Cierra D

Nadie debería marcharse de Setúbal sin probar el *choco frito* (sepia frita). Hay poco lugares tan emblemáticos como este para probarlo. La espera merecerá la pena.

Sintra

Tacho Real (M)
- ✉ Rua da Ferraria, 4
- ☎ 219 235 277
- ⏱ 12-15.30 h y 19.30-22 h
  En verano cierra los X y en invierno M noche y X

Un restaurante de referencia en Sintra. Especialidades francesas y cocina regional portuguesa en un ambiente rústico.

ALENTEJO
Beja

Pousada de Sao Francisco (C)
- ✉ Largo Dom Nuno Alvares Pereira
- ☎ 284 313 580
- 🌐 www.pousadas.pt
- ⏱ 13-15 y 19.30-22.30 h

Precioso restaurante situado en una de las salas del antiguo convento sobre el que se ubica la *pousada* con bellas bóvedas y suelos rústicos. Platos regionales

en los que domina el cerdo. Cocina internacional. Buen ambiente.

Churrasqueira O Alemão (E)
- ✉ Largo dos Duques Beja 11-12
- ☎ 284 311 490
- ⏱ L-S: 11.30-22 h

Carnes a la brasa, chuletón y entrecot de buen corte y selección.

Castelo Vide

Confraria (M)
- ✉ Rua Sta. Maria de Baixo, 10
- ☎ 916 603 652
- ⏱ 12.30-15 h y 19.30-22 h.
  Cierra D cenas y L

Lo mejor de la gastronomía alentejana y portuguesa en platos muy bien servidos. En el centro del pueblo.

Elvas

Adega Regional (E)
- ✉ Rua João de Casqueiro, 23
- ☎ 969 451 546
- 🌐 adegaregional-elvas.com
- ⏱ 12-15 h y 19-22 h. Cierra L cenas y M

Este lugar fue inaugurado en 2012 y ofrece una cocina regional en un ambiente tradicional y con una buena carta de vinos.

El Cristo (M)
- ✉ Rua Dr. António Tello Barradas, 49
- ☎ 268 623 582
- ⏱ 12-23 h

Esta marisquería es un clásico en Elvas. Muchos extremeños llegan incluso a cruzar la frontera solo para visitarla.

A Bolota (M)
- ✉ Rua Madre Teresa, Terrugem
- ☎ 268 656 118
- ⏱ M-D: 12.30-16 h
  Cerrado D cena y L

Este restaurante constituye toda una referencia regional, y ofrece a los clientes una cocina sofisticada que hunde sus raíces en las especialidades regionales.

Estremoz

Mercearia Gadanha (M-C)
- ✉ Largo Dragões de Olivença, 84
- ☎ 268 333 262
- ⏱ 10-23 h. Cierra D cena, L y M
- 🌐 http://merceariagadanha.pt

Este restaurante, bodega y tienda de productos gastronómicos ofrece lo mejor de la cocina del Alentejo con un toque de calidad.

Adega do Zé Varunca (M)
- ✉ R. do Almeida, 21
- ☎ 268 322 314
- ⏱ 12-15 h y 19.30-22 h

Restaurante muy castizo instalado en el centro en una antigua bodega con platos regionales muy bien presentados.

Évora

O Fialho (C)
- ✉ Tv. das Mascarenhas, 16
- ☎ 266 703 079
- ⏱ 12.30-15 h y 19.30-22 h
  Cierra L
- 🌐 http://restaurantefialho.pt

Petiscos (tapas)

Es muy común en Portugal encontrarse con platitos de olivas, queso, almendras o carnes adobadas. En ocasiones son cortesía del restaurante, pero la mayor parte de las veces se han de pagar si se consumen. Aunque los precios suelen ser muy moderados, conviene preguntar. En algunos restaurantes con barra, se preparan *petiscos* para comer acompañando vinos o cerveza. Si bien, no es tan popular como en España, es posible encontrar sitios donde comer de tapas sobre todo en localidades con mucha gente joven.

Cerdo y almejas

Parece sorprendente pero uno de los platos regionales preferidos es un denso estofado de carne de cerdo, cocinado en una salsa con almejas. Cuenta la leyenda que su tradición se remonta al siglo xv, cuando las expulsiones de judíos de la península y las conversiones masivas de aquellos que optaron por quedarse, hacía necesario el control de falsos conversos. Se les daba a comer para averiguar si habían renegado de su fe.

Fundado en 1945, este restaurante prima por la excelencia a la hora de ofrecer lo mejor de la gastronomía alentejana y una carta de vinos excepcional.

Enoteca Cartuxa (M)
- ✉ Rua Vasco da Gama, 15
- ☎ 266 748 348
- ⏱ 12.30-21.30 h

A unos pasos de la catedral, este nuevo espacio de la Fundación Eugénio de Almeida y bajo la batuta del chef Vítor Sobral garantiza una comida más que agradable.

Café Arcada (E)
- ✉ Praça Giraldo, 7
- ☎ 266 736 040
- ⏱ 8-20 h. V y S hasta la 1 h D hasta las 18 h

De gran solera y tradición, es el café más conocido de la plaza central de Évora. Estilo *Art Déco*, es un lugar ideal para ver y dejarse ver mientras se saborea un plato o un café.

Restaurante Guião (E)
- ✉ Rua da República, 81
- ☎ 266 703 071
- ⏱ 12-15 h y 19-22 h

Este restaurante popular presenta opciones de menú muy económicas.

O Antão (E)
- ✉ Rua João de Deus, 5-7
- ☎ 266 726 459
- ⏱ M-D: 12-15 h y 19-22.50 h

Este restaurante ofrece una cocina tradicional de la zona con una presentación sencilla.

O Moinho do Cu Torto (E)
- ✉ Rua de Santo André, 2-A, Barrio Nossa Sra do Carmo
- ☎ 266 771 060
- ⏱ M-S: 12.15-15.30 h y 19.15-23 h. D: 12.15-15.30 h

Guarda celosamente la tradición de cocina sobre lumbre a leña para sus cocidos, ollas y sopas. La casa donde se ubica ha sido rehabilitada.

Pousada dos Lóios (C)
- ✉ Largo Conde de Vila Flor s/n
- ☎ 266 730 070
- 🌐 www.pousadas.pt
- ⏱ 13-15 h y 19.30-22.30 h

Comer en pleno claustro del antiguo convento es una experiencia magnífica. Quietud y encanto en pleno centro de Évora. La cocina acompaña al aire distinguido del salón.

Taberna Típica Quarta-feira (M)
- ✉ R. do Inverno, 16
- ☎ 266 707 530

- 🌐 www.facebook.com/tabernatipicaquartafeira/
- ⏱ M-S: 12.30-14-30 h y 19.30-21.30 h

Restaurante muy pequeño que ofrece una experiencia gastronómica inolvidable.

Restaurante 1/4 pras 9 (E-M)
- ✉ R. de Pedro Simões, 9
- ☎ 962 931 375
- ⏱ M-S: 12.30-15 h y 19.30-22 h

Cocina del Alentejo a precios razonables en el centro de la ciudad.

Marvão

Pousada de Santa Maia (M)
- ✉ Rua 24 de Janeiro, 7
- ☎ 245 993 201
- 🌐 www.pousadas.pt
- ⏱ 13-15 y 19.30-22.30 h

El restaurante de la Pousada de Marvão es el mejor exponente de la cocina regional en el pueblo. Tiene unas excelentes panorámicas que se ven desde su sala, merece la pena una visita.

Monsaraz

Sabores de Monsaraz (E-M)
- ✉ Rua de São Bento, 2
- ☎ 969 217 800
- 🌐 http://saboresdemonsaraz.
- ⏱ 12.30-15.30 h y 19.30-22.30 h Cierra M al mediodía y L

Uno de los encantos de este pueblo aliado es la excelente cocina alentejana y las vistas que ofrece la terraza aseguran una experiencia inolvidable.

Moura

O Trilho (E-M)
- ✉ Rua 5 de Outubro, 5
- ☎ 285 254 261
- 🌐 www.otrilho.com
- ⏱ 12-22 h. Cierra L

En el centro monumental. Establecimiento tradicional con especialidades alentejanas en ambiente rústico.

Menú turístico

Equivale al menú del día español. Consta normalmente de una sopa, un plato principal, la bebida y el postre. Suele ser una opción económica y fiable, no obstante, en las localidades más turísticas de las costas portuguesas, su calidad suele disminuir.

Serpa

O Alentejano (E-M)
✉ Praça da República, 15
☎ 284 544 335
🕐 M-S: 12-14 h y 19-21.30 h
Un restaurante donde comer bien y con un buen trato no está reñido con el precio. Situado en pleno centro histórico, es ideal para renovar fuerzas. Merece la pena ir a Serpa por el hecho de comer una buena comida regional.

Vila Viçosa

Taverna dos Conjurados (M)
✉ Largo 25 de Abril
☎ 268 989 530
🕐 12.30-15 h y 19.30-22 h
Ubicado en el centro del pueblo. Lo mejor de la gastronomía del Alentejo en un ambiente familiar.

Pousada Dom João IV (M)
✉ Convento das Chagas
Terreiro do Paço
☎ 268 980 742
🌐 www.pousadas.pt
🕐 13-15 y 19.30-22.30 h
El restaurante de la Pousada de Vila Viçosa se hace eco de la calidad del establecimiento, ofreciendo cocina alentejana e internacional de excelente calidad.

EL ALGARVE

Vila Real de Santo António

Dom Petisco (M)
✉ Estrada Ponta de Santo António
☎ 281 541 853
🕐 M-D: 12-15 y 19-22 h
Delicioso enclave, con una terraza sobre el río de es-

pléndidas vistas para degustar buen pescado fresco y *caldeiradas* de arroz y pescado.

Tavira

Gilão (M)
✉ Rua do Cais
☎ 281 322 050
🕐 12-22 h
Integrado en el Mercado de Tavira, este restaurante ofrece lo mejor de la cocina regional, a veces fusionada con otras gastronomías.

Olhão

O Bote (E)
✉ Avenida 5 de Outubro 122
☎ 289 142 102
🕐 M-S: 12-15 h y 19-22 h
Situado junto a otros restaurantes del paseo marítimo. Este destaca por sus módicos precios y buena calidad.

Prazeres (E-M)
✉ Av. 5 de Outubro, 94
☎ 289 703 656
🌐 www.prazeresdariaformosa.com
🕐 X-S: 12-23 h. M: 18-23 h
Lo mejor de la gastronomía del Algarve en platos muy bien elaborados. En el centro de Olhão. Pescado, marisco, carne, comida vegetariana y, como no, la tradicional *cataplana*.

Faro

A Venda (E-M)
✉ Rua do Compromisso, 60
☎ 289 825 500
🕐 M-S: 13-15 h y 19-22 h
L: 19-22 h
Situado en el centro de Faro, este restaurante, además de ser un espacio muy acoge-

dor, tiene fama por lo bien que presenta sus platos y la calidad de los productos.

Cidade Velha (M)
✉ Rua Domingos Guieiro, 19
☎ 289 827 145
🕐 9-22 h. Cierra D
En el casco histórico cocina internacional y regional.

Loulé

Henrique Leis (M-C)
✉ Estrada Vale Formoso
☎ 289 393 438
🌐 www.henriqueleis.com
🕐 M-S: 12.30-14 h y 19-23 h
Poseedor de una estrella Michelin. Lugar con encanto, exquisita decoración y carta internacional.

Albufeira

Cabana Fresca (E-M)
✉ Largo Cais Herculano, 9
☎ 289 585 456
🌐 www.cabanafresca.pt
🕐 9-2 h
Establecimiento muy popular de exquisitos aperitivos de marisco, tapas y platos sencillos y de calidad.

Vila Joya (C)
✉ Estrada da Galé
☎ 289 591 795
🌐 www.vilajoya.com

Vinos de la región

Las condiciones climatológicas del Alentejo lo convierte en una zona vitivinícola privilegiada, tanto para blancos como tintos. Las bodegas han ido adquiriendo prestigio, y elaborando caldos mejores. Entre las más recomendadas por enólogos internacionales casas destacan Redondo, Esporão y Borba.

Doses (raciones)

Los cafés tradicionales que se encuentran en el centro de las principales ciudades suelen contar con una pequeña cocina que ofrece raciones (*doses*) y tapas (*petiscos*). Son una alternativa a los restaurantes para comer algo ligero y rápido. ¡Ojo, a veces la *meia dose* es suficiente para una persona! Entre las ricas *doses* que se pueden tomar están los buñuelos de bacalao (*bolinhos de bacalhau*), las empanadillas de gamba (*rissóis de camarão*) o los pepitos (*pregos*). Mención aparte merecen las *pastelarias*, en las que degustar los deliciosos dulces que se preparan a lo largo y ancho del país.

Uno de los restaurantes de mayor renombre. Con menú degustación y toques de alta cocina francesa. Terraza con bellas vistas al mar. Tiene dos estrellas Michelin.

Portimão

Dona Barca (E)
✉ Largo da Barca, 22
☎ 282 404 189
🕐 12-23 h
Un restaurante popular muy conocido entre lugareños, que lo llenan para degustar pescado fresco que se elige del propio mostrador. Arroz o cataplanas a buen precio.

Praia da Rocha

Casa da Rocha (M)
✉ Avenida Tomás Cabreira
☎ 282 419 674
🕐 12-15 h y 18-22 h

En un antiguo caserón con tres terrazas y soberbias vistas al mar, en la principal avenida que sigue la colina que bordea la playa. Su cocina es tradicional portuguesa.

Monchique

A Tasca do Petrol (E)
✉ EN267-Corgo do Vale, Marmelete
☎ 282 955 117
🕐 12-15.30 h y 19-22.30 h Cierra X
Este restaurante es la clara demostración de que el Algarve no es solo mar y playa. Ubicado en el precioso entorno de la sierra de Monchique.

Lagos

Adega da Marina (E-M)
✉ Av. dos Descobrimentos, 35
Restaurante antiguo de Lagos muy frecuentado por turistas y locales.

Dom Sebastião (M)
✉ Rua 25 de Abril, 20
☎ 282 780 480
🏠 restaurantedonse bastiao.com
🕐 12-22.30 h
Restaurante situado en el casco antiguo. Es un buen lugar para reponer fuerzas en la visita. Menú variado.

Praia da Luz

Fortaleza da Luz (M)
✉ Av. dos Pescadores, 3
☎ 282 789 926
🏠 www.fortalezadaluz.com
🕐 12.30-14.30 h y 18-21.30 h Cierra M
En las ruinas de una fortaleza del siglo XVII, y con unas bellas vistas, especializado en comida regional y pescado fresco. Famoso su "Jazz lunch" y su música en directo.

Burgau

Beach Bar (E)
✉ Praia de Burgau
☎ 282 697 553
🕐 10-18 h. Cierra L

En la misma playa, recogiendo las capturas de los pescadores cada mañana desde las mismas barcas. Comer en la terraza es una delicia.

Sagres

A Sagres (M)
✉ Ecovia do Litoral
☎ 282 624 171
🕐 12-22 h. Cierra X y J
Comida regional y tradicional en un ambiente rústico y acogedor. Música en directo.

Viagem aos Sabores (M-C)
✉ Ponta da Atalaia
☎ 282 620 240
🏠 www.pousadas.pt
🕐 13-15 h y 19.30-22 h
Restaurante de la Pousada de Sagres con preciosas vistas al acantilado, buena cocina y servicio. Especializado en pescados y mariscos.

Aljezur

Pont'a Pé (M)
✉ Largo da Liberdade, 12
☎ 282998104
🏠 www.pontape.pt
🕐 L-S: 12-15 h y 19-22 h
Restaurante con platos de una gastronomía regional de altísima calidad.

Vegetarianos

Si bien la gastronomía portuguesa da una gran importancia a la carne y al pescado, hay opciones vegetarianas en las cartas mirando los arroces y verduras. Además el número de restaurantes vegetarianos y veganos va en aumento en todo el país.
www.centrovegetariano.org/Restaurantes. html, www.avp.org.pt
www.happycow.net/ europe/portugal/

I Alojarse

EL NORTE
Oporto

Hotel da Bolsa (M)
✉ Rua Ferreira Borges, 101
☎ 222 026 768
🌐 www.hoteldabolsa.com
Inmejorable situación entre el populoso barrio de Ribeira y el centro histórico de Oporto, y a dos pasos de la Bolsa y convento de San Francisco. Servicio muy amable e instalaciones con buena relación calidad-precio.

Hotel Malaposta (M)
✉ Rua da Conceição, 80
☎ 223 391 920
🌐 www.hotelsporto-pt.com
Un hotel con todo tipo de facilidades, sin lujos pero cómodo. Su situación es ideal para visitar la ciudad ya que se halla en pleno corazón monumental de la ciudad.

Infante de Sagres (C)
✉ Praça Dona Filipa de Lancastre, 62
☎ 223 398 500
🌐 www.hospes.com
Un delicioso hotel boutique decorado con piezas de antigüedades, intimista y recogido. Los amplios espacios comunes son muy lujosos, algunos alicatados con azulejos antiguos. El servicio es impecable, sin duda uno de los mejores hoteles que se puedan encontrar, no ya en Oporto sino en Portugal.

Hotel Teatro (M-C)
✉ Rua Sá Da Bandeira, 84, Santo Ildefonso
☎ 220 409 620
🌐 www.portobay.com
Fabuloso hotel moderno de diseño, con algo especial en cada habitación, que cuentan con minibar y por supuesto, con conexión a Internet. Además su ubicación es inmejorable a dos pasos de la catedral y la Avenida dos Aliados, en pleno centro monumental.

Pestana Vintage Porto (C)
✉ Praça da Ribeira, 1
☎ 223 402 300
🌐 www.pestanacollection.com
Un elegante establecimiento de cinco estrellas, en pleno corazón del barrio más animado de bares, terrazas y bodegas. Sus habitaciones dan al Duero y tienen vistas de Vila Nova de Gaia, el río y el Puente Luis I.

Amarante

Monverde - Wine Experience Hotel (C)
✉ Quinta de Sanguinhedo
☎ 255 143 100
🌐 www.monverde.pt
Encantador hotel situado en un ambiente campestre donde es posible degustar los mejores vinos de la región y aprovechar el spa para relajarse.

Barcelos

Hotel Bagoeira (M)
✉ Av. Dr. Sidónio Pais, 495
☎ 253 809 500
🌐 www.bagoeira.com
Hotel confortable que permite conocer la ciudad. Dispone de un espacioso restaurante y de un bar panorámico con vistas sobre Barcelos.

Braga

Urban Hotel da Estação (E)
✉ Largo da Estaçao, 13
☎ 253 784 825
Estupendo hotel económico y funcional situado junto a la estación de tren. Habitaciones sencillas, pero amplias, cómodo y limpio.

Hotel Ibis Braga Centro (M)
✉ Rua do Carmo, 38
☎ 253 204 800
Hotel situado en el centro de la ciudad y cerca del Bom Jesus. Habitaciones modernas que proporcionan una estancia ideal, tanto para ocio como para negocios.

Hotel do Parque (M)
✉ Parque do Bom Jesus do Monte
☎ 253 603 470
🌐 www.hoteisbomjesus.com
Bello hotel de época, reformado Muy bien situado para visitar la iglesia de Bom Jesus. Preguntad por las habitaciones con vistas al monumento, la experiencia mejora.

Bragança

Pousada de São Bartolomeu (C)
✉ Estrada do Turismo, Bragança
☎ 273 331 493
🌐 www.pousadas.pt
Es un establecimiento de construcción moderna muy bien dotado y con excelentes vistas del castillo de Bragança.

Coímbra

Hotel Astória (E-M)
✉ Avenida Emídio Navarro, 21
☎ 239 853 020
🌐 www.almeidahotels.com

Precios
Los precios vienen dados con impuestos y generalmente desayuno incluido por habitación doble.

E: menos de 60 €
M: entre 60 € y 120 €
C: entre 120 € y 180 €
MC: más de 180 €

Un hotel tradicional inmejorablemente situado frente al río y al inicio de la calle comercial principal. Algunas habitaciones tienen bellas vistas de la ribera. Sin lujos, pero agradable.

Quinta das Lágrimas (C)
- ✉ Rua António Augusto Gonçalves, Santa Clara
- ☎ 239 802 380
- 🖥 www.quintadas lagrimas.pt

Una mansión señorial llena de carácter y calma que acogió a reyes y emperadores.

Guimarães

Pousada Mosteiro de Guimarães (C)
- ✉ Largo Domingos Leite de Castro. Lugar da Costa
- ☎ 253 511 249
- 🖥 www.pousadas.pt

Monasterio transformado en *pousada* que trasmite a sus moradores una auténtica atmósfera medieval acorde al entorno.

Hotel Toural (M)
- ✉ Largo António Leite de Carvalho
- ☎ 253 517 184
- 🖥 www.hoteltoural.com

Instalado en una antigua mansión remozada, su situación en una céntrica plaza lo convierte en un lugar ideal para el turista. Las habitaciones son amplias y están bien equipadas, los espacios comunes presentan una discreta combinación entre moderno y tradicional.

Peso da Régua

Hotel Régua Douro (M)
- ✉ Largo da Estação da CP
- ☎ 254 320 700
- 🖥 www.hotelreguadouro.pt

Moderno establecimiento en el núcleo urbano y junto al río, con vistas excepcionales al valle del Duero.

Viana do Castelo

Pousada do Monte Santa Luzia (C)
- ✉ Monte Santa Luzia
- ☎ 258 800 370
- 🖥 www.pousadas.pt

Este hotel reconvertido en Pousada posee unas estupendas vistas panorámicas, dominando el estuario del Limia y la ciudad de Viana do Castelo.

Valença do Minho

Pousada de Valença (M-C)
- ✉ Baluarte do Socorro
- ☎ 251 800 260
- 🖥 www.pousadas.pt

Se cobija dentro de las fuertes murallas que defiende la plaza fronteriza. Sus terrazas dominan un amplio paisaje del curso bajo del río Miño entre España y Portugal.

Vila Nova de Gaia

The Yeatman (MC)
- ✉ Rua do Choupelo
- ☎ 220 133 100
- 🖥 www.the-yeatman-hotel. com

Considerado uno de los hoteles más exclusivos de Portugal, también cuenta con un afamado restaurante y un *spa*. Puede presumir de ofrecer unas vistas excepcionales de la ciudad de Oporto desde la otra orilla del Duero.

LISBOA Y ESTREMADURA
Lisboa

Solar dos Mouros (M)
- ✉ Rua Milagre de Santo António, 6
- ☎ 218 854 940
- 🖥 www.solardosmouroslisboa. com

Lujo con encanto y habitaciones con preciosas vistas a la ciudad y el estuario del Tajo. En el tranquilo barrio del castillo, rodeado de placitas y parques.

Vincci Baixa Hotel (C)
- ✉ Rua do Comércio, 32-38
- ☎ 218 803 190
- 🖥 pt.vinccibaixa.com

Ubicado en un emblemático edificio en pleno corazón de la Baixa, este moderno hotel respeta la arquitectura y el entorno proporcionando todo el equipamiento y las comodidades modernas.

Hotel Dom Carlos Park (M)
- ✉ Av. Duque de Loulé, 121
- ☎ 213 512 590
- 🖥 www.domcarloshotels.com

Excelente ubicación junto a la céntrica plaza Marquês de Pombal. Habitaciones equipadas con precios competitivos y ajustados.

Hotel Borges Chiado (M-C)
- ✉ Rua Garrett, 108
- ☎ 210 456 400
- 🖥 www.hotelborges.com

Encantador hotel con vistas al Chiado. Lujo con glamour de otros tiempos.

Janelas Verdes (M-C)
- ✉ Rua das Janelas Verdes 47
- ☎ 213 968 143
- 🖥 www.asjanelasverdes.com

Perteneciente a la cadena Heritage que cuenta con otros hoteles en la capital, todos ellos singulares. Este está ubicado en una antigua mansión señorial del siglo XVIII del barrio de Santos. Tiene jardín y terraza privados.

Avenida Palace (MC)
- ✉ Rua 1 de Dezembro 123
- ☎ 213 218 100
- 🖥 www.hotelavenidapalace.pt

Emblemático hotel situado en plena Praça dos Restauradores. Lujo clásico y servicio impecable.

Olissippo Lapa Palace (MC)
- ✉ Rua do Pau da Bandeira, 4
- ☎ 213 949 494
- 🖥 www.olissippohotels.com

Hotel Boutique en el barrio de las residencias de los embajadores, donde se disfruta de unas excelentes vistas. Las habitaciones están decoradas individualmente, y cada una presenta una temática distinta. Exclusivo.

Solar do Castelo (MC)

- ✉ Rua das Cozinhas, 2
- ☎ 218 806 050
- 🌐 www.lisbonheritage hotels.com

Un establecimiento romántico en las calles adyacentes al castillo de San Jorge, en lo alto de Lisboa. Alojado en una antigua mansión señorial de finales del siglo XVIII, destacan sus amplias habitaciones y unas zonas comunes en torno a un patio interior.

Alcobaça

Hotel Santa Maria Alcobaça (E)

- ✉ Rua Dr.Francisco Zagalo, 20-22
- ☎ 262 590 160
- 🌐 hotelsantamaria.com.pt

Este alojamiento cumple con todos los requisitos básicos. Reúne sencillez, comodidad y resulta acogedor.

Batalha

Lis Batalha (M)

- ✉ Largo Mestre Afonso Domingues, 6
- ☎ 244 765 260
- 🌐 www.hotellisbatalha.pt

Hotel funcional situado a pocos metros del monasterio. Bien equipado y remodelado.

Cascais

Farol Hotel (MC)

- ✉ Avenida Rei Humberto II de Itália, 7
- ☎ 214 823 490
- 🌐 www.farol.com.pt

Elegante hotel que se levanta en un lugar idílico entre el mar y el centro de Cascais. Se trata de un antiguo palacete del siglo XIX sabiamente reconvertido en cómodo hotel con encanto.

The Albatroz Hotel (MC)

- ✉ Rua Federico Arouca, 100
- ☎ 214 847 380
- 🌐 www.thealbatrozcollection. com

Un hotel situado frente a la costa, con espléndidas vistas y piscina sobre el mar. Ha sido remodelado y ampliado, sus alas más modernas poseen una decoración igualmente cuidada y comparable a la del edificio más clásico.

Estoril

Hotel Inglaterra (C)

- ✉ Rua do Porto, 1
- ☎ 214 684 461
- 🌐 www.hotelinglaterra.com.pt

Establecimiento que ofrece lujo asequible en el centro de Estoril a pocos pasos del casino y la playa.

Palácio Estoril (MC)

- ✉ Rua Particular à Av. Biarritz
- ☎ 214 648 000
- 🌐 palacioestorilhotel.com

Lujoso hotel que lleva la historia de las realezas europeas a sus espaldas, actualizado en servicios y facilidades, pero con el impecable servicio y prestigio de siempre. Cuenta con golf y está junto al casino.

Fátima

Dom Gonçalo Hotel & Spa (M)

- ✉ Rua Jacinta Marto, 100
- ☎ 249 539 330
- 🌐 www.hoteldg.com

Un precioso hotel de cuatro estrellas rodeado de árboles que respira tranquilidad. Totalmente remozado recientemente cuenta con *spa*. Las habitaciones están decoradas con muy buen gusto.

Hotel Três Pastorinhos (E)

- ✉ Rua João Paulo II
- ☎ 249 539 900
- 🌐 www.eurostarshotels.com.pt

Hotel moderno, discreto y funcional, con la ventaja de estar situado a solo 50 metros del Santuario.

Óbidos

Hotel Real d'Óbidos (M-C)

- ✉ Rua Dom João D'Omelas
- ☎ 262 955 090
- 🌐 www.hotelrealdobidos.com

Hotel rústico situado en edificio histórico intramuros. De pequeñas dimensiones, con habitaciones con encanto y personalizadas que llevan el nombre de monarcas.

Josefa d'Óbidos Hotel (M)

- ✉ Rua Dom João d'Omelas
- ☎ 262 955010
- 🌐 www.josefadobidoshotel. com

A pocos metros del anterior, este establecimiento de arquitectura popular ofrece un alojamiento sencillo.

Turismo de Habitação

Esta expresión se utiliza para designar las casas rurales de huéspedes que se distribuyen por el país, y a veces también en algunas ciudades. Se trata de habitaciones, en las casas de campo de los propietarios, que casi siempre disponen de baño propio, y que a menudo ofrecerán su propia mesa y cocina para almorzar o cenar si así lo demandáis.

Las casas suelen disponer de dos o tres habitaciones para alquilar, y reúnen condiciones muy ventajosas a precios bastante económicos.

Estalagem y Pensión

Las *pensão* portuguesas equivaldrían en España a los denominados hostales. Pueden ser de varias categorías, y se diferencian básicamente de los hoteles por no contar con restaurante. En cuanto a los *estalagem* son establecimientos hoteleros instalados en edificios que se integran en la arquitectura regional, que están rodeados de un espacio natural de especial belleza y que reúnen unas características de servicio de primer nivel y mobiliario de calidad.

Pousadas

Las Pousadas son el equivalente a la red de paradores española. Se trata de hoteles que aprovechan monumentos históricos en emplazamientos singulares. Se instalan en antiguos conventos, monasterios o castillos. Otros más modernos ocupan lugares estratégicos con excelentes vistas panorámicas, en parajes naturales excepcionales, que carecían de una infraestructura turística adecuada que posibilitara su desarrollo. Al igual que los paradores, están gestionados por el Estado, si bien las *pousadas* suelen resultar un poco más caras en relación calidad-precio a sus homólogos españoles.

Pousada do Castelo (MC)
- ✉ Castelo de Óbidos. Paço Real
- ☎ 266 248 980
- 🌐 www.pousadas.pt

El castillo de Óbidos, convertido en palacio en el siglo XVI, aloja hoy una de las *pousadas* más lujosas de Portugal, en uno de los entornos histórico-monumentales más destacados del país.

Palmela

Pousada de Palmela (C-MC)
- ✉ Castelo de Palmela
- ☎ 212 351 226
- 🌐 www.pousadas.pt

Apartada y alzada sobre una colina, la fortaleza de Palmela cobija entre sus muros. Con vistas de la Serra da Arrábida y del océano Atlántico o bien de la llanura y los viñales de la región, dispone de una treintena de habitaciones con todas las comodidades.

Queluz

Pousada de Queluz, D. Maria I (M-C)
- ✉ Largo do Palácio Nacional
- ☎ 214 356 158
- 🌐 www.pousadas.pt

En el límite entre Sintra y Lisboa, esta Pousada se instala en lo que en otro tiempo fuera Residencia de la Guardia Real, destinada a la defensa de la Casa Real, cuando los reyes se alojaban en el palacio de Queluz, también conocido como el Versalles portugués. Elegantes habitaciones decoradas individualmente en colores cálidos.

Sintra

Hotel NH Sintra Centro (C)
- ✉ Praça da República
- ☎ 21 923 72 00
- 🌐 www.nh-hotels.com

Íntimo y recogido con vistas de los alrededores, y próximo al centro de la población.

Tomar

Hotel Cavaleiros de Cristo (E)
- ✉ Rua Alexandre Herculano, 7
- ☎ 249 321 067

Un pequeño establecimiento de carácter familiar en el centro histórico a cinco minutos del castillo-monasterio. Sencillo y económico.

EL ALENTEJO

Beja

Pousada de São Francisco (M-C)
- ✉ Largo D. Nuno Álvares Pereira
- ☎ 284 313 580
- 🌐 www.pousadas.pt

Pousada que se ubica en un antiguo convento del siglo XIII, magníficamente rehabilitado. El patio del claustro es una delicia.

Beja Parque Hotel (M)
- ✉ Rua Francisco Miguel Duarte, 1
- ☎ 284 310 500
- 🌐 www.bejaparquehotel.com

Establecimiento moderno, situado a unos 500 m del centro histórico, con habitaciones amplias y piscina.

Castelo de Vide

Hotel Castelo de Vide (E)
- ✉ Avenida da Europa
- ☎ 245 908 210
- 🌐 www.hotelcastelodevide.com

Hotel bien equipado, dotado con piscina. Habitaciones grandes y sencillas.

Elvas

Hotel São João de Deus (E-M)
- ✉ Rua João de Quintal, 1
- ☎ 268 639 220
- 🌐 www.hotelsaojoaodeus.net

Instalado en un antiguo convento junto a las murallas de la ciudad, dispone de habitaciones grandes, espacios comunes regios y elegantes a la portuguesa. Posee además piscina y jardines.

Quinta de Santo António (E)
✉ Estrada de Barbacena
☎ 268 636 460
🌐 www.qsahotel.com
Hacienda señorial exquisitamente transformada en hotel rural acogedor e íntimo.

Estremoz

Páteo dos Solares (M)
✉ Rua Brito Capelo
☎ 268 338 400
🌐 www.pateosolares.com
Lujosa casa de campo transformada en hotel, que dispone de 40 sobrias y rústicas habitaciones con terrazas privadas y baños completos a veces con jacuzzi.

Évora

Pousada dos Lóios (C-MC)
✉ Largo do Conde de Vila Flor
☎ 266 730 070
🌐 www.pousadas.pt
Seguramente sea la referencia más notable dentro de la hostelería de Évora. Este lujoso hotel está situado frente a la catedral y al templo de Diana, aprovechando el antiguo y precioso convento dos Lóios. Sus habitaciones se corresponden con las celdas de los monjes, y el claustro techado y acristalado encierra un elegante y amplio comedor.

Hotel Solar de Monfalim (E-M)
✉ Largo da Misericórdia, 1
☎ 266 703 529
🌐 www.solarmonfalim.com
Constituye una alternativa más económica en pleno corazón monumental de la ciudad. Edificio del siglo XVI, de arquitectura tradicional portuguesa y atmósfera envolvente.

Marvão

Pousada de Santa Maria (C)
✉ Rua 24 de Janeiro, 7
☎ 245 993 201
🌐 www.pousadas.pt
Una de las *pousadas* que más campañas de publicidad de Portugal ha protagonizado, por su ubicación en el corazón de este pueblo colgado en una inexpugnable peña fronteriza.

Monsaraz

Estalagem de Monsaraz (E-M)
✉ Largo de São Bartolomeu, 5
☎ 266 557 019
✉ estalagemdemonsaraz.com
Un lugar excelente, lleno de encanto y embrujo, intramuros de uno de los pueblos más bellos de Portugal. Pequeño y cuidado establecimiento exclusivo a precios razonables.

Vila Viçosa

Pousada Dom João IV (M)
✉ Convento das Chagas - Terreiro do Paço
☎ 268 980 742
🌐 www.pousadas.pt
Antiguo convento convertido en hotel, con jardines y amplios espacios comunes. Las celdas han sido convertidas en habitaciones y el claustro es un patio ajardinado. Está situado a corta distancia del palacio de los Duques, y puede ser una excelente base para explorar el Alentejo oriental.

EL ALGARVE
Tavira

Quinta do Caracol (M)
✉ Rua de São Pedro, 11
☎ 281 322 475
🌐 www.quintadocaracol.com
Esta casa rural tradicional del Algarve ha sido convertida en apartamentos con encanto con las comodidades alrede-

dor de un patio-corrall. Piscina hecha sobre una alberca. Admiten perros y gatos.

Albufeira

Pine Cliffs Hotel (MC)
✉ Praia da Falésia, 8200-909
☎ 289 500 100
🌐 www.pinecliffshotel.com
Gran complejo de lujo, con campo de golf, piscinas, pistas de tenis y otras instalaciones. Se halla a 10 km al este sobre una magnífica playa y junto a un campo de golf privado. Cuenta con varios afamados restaurantes.

Estoi

Pousada Palácio de Estoi (M-C)
✉ Rua São José
☎ 289 372 510
🌐 www.pousadas.pt
Situado a poco más de 10 km de Faro, este palacio del siglo XVIII con un impresionante jardín y una piscina de ensueño, cuenta con 63 habitaciones.

Faro

AP Eva Senses (M-C)
✉ Avenida da República, 1
☎ 289 001 000
🌐 www.ap-hotelsresorts.com
Hotel moderno con bonitas vistas al puerto. Cuenta con más de 100 habitaciones, y una piscina en el ático. Suele estar frecuentado por hombres de negocios.

Quinta do Lago

Hotel Quinta do Lago (MC)
✉ Quinta do Lago
☎ 289 350 350
🌐 www.hotelquintadolago.com
Constituye un hotel de gran lujo enmarcado en un espacio de 800 ha de costa, frente a la playa, con todo tipo de instalaciones. Golf, deportes náuticos, bici, pesca, vela, piraguas... ¡Para no aburrirse!

Azulejos

Como en España, la herencia árabe dejó el gusto por los azulejos que se pueden encontrar a lo largo y ancho del país. Los alicatados del tradicional azulejo portugués han venido forrando exteriores e interiores de edificios, iglesias, palacios, zócalos de jardines e incluso estaciones de tren.

El azulejo tradicional es, a diferencia de los españoles, monocolor: azul. Estas piezas de cerámica esmaltada y pintada a mano son un buen recuerdo, ya que se elaboran todo tipo de objetos (decorativo o de menaje) para la cocina, el comedor, la mesa o murales para decorar el exterior de las fincas.

Vale do Lobo

Dona Filipa Hotel (MC)
✉ Vale do Lobo, Almancil
☎ 289 357 200
🖥 www.donafilipahotel.com

Hotel de precio elevado, rodeado de campos de golf, como el São Lourenço Club, y frente a la playa, rodeado por un precioso paisaje. Para los deportistas, cuenta también con pistas de tenis y piscinas climatizadas. Dispone de más de 150 habitaciones.

Caldas de Monchique

Complejo Termal Monchique (E-M)
✉ Rua das Caldas de Monchique
☎ 282 910 910
🖥 monchiquetermas resort.com

Este lugar ofrece varias posibilidades de alojamiento: apartamentos con cocina, estalagem y hote.

Silves

Hotel Colina dos Mouros (E-M)
✉ Pocinho Santo
☎ 282 440 420
🖥 www.colinahotels.com

Es un moderno hotel que emula un estilo arabizante, con piscina y excelentes vistas de la ciudad monumental.

Lagos

Hotel Mar Azul (M)
✉ Rua 25 de Abril, 13
☎ 282 183 843

Hotel sencillo pero con todas las comodidades. Muy cerca del centro y las playas. Ideal para disfrutar de unas vacaciones agradables. Excelente relación calidad-precio.

Sagres

Mareta Beach House (M)
✉ Rua da Mareta
☎ 282 620 040
🖥 www.maretabeach house.com

Hotel de gestión familiar, que ofrece unas agradables habitaciones, algunas con preciosas vistas. Está situado junto a la hermosa playa de Mareta.

Pousada do Infante (C)
✉ Ponta da Atalaia
☎ 282 620 240
🖥 www.pousadas.pt

Este establecimiento pertenece a la red de *pousadas*. Al borde del acantilado, en estilo tradicional y con todas las facilidades para ir a la playa o realizar actividades acuáticas.

▌ Ir de compras

Mercados permanentes

Casi todas las ciudades y localidades importantes en el país tienen su mercado tradicional, que suele ocupar un edificio y espacio público en el centro histórico. Su horario es de 7-13 h, y se hay productos frescos, pescados, frutas, verduras, carnes, etc. Su funcionamiento es semejante a los mercados de abastos en España. Con regularidad, es posible encontrar también mercadillos de ropa y baratijas a su alrededor. Estos son algunos de los más singulares.

Oporto (Mercado do Bolhão)
✉ Rua Formosa
🕐 L-V: 7-17 h. S: 7-13 h

Lisboa (Mercado da Ribeira)
✉ A. 24 de Julho, 481
🕐 L-S: 6-14 h. D: 9-13 h

En la actualidade este mercado se ha modernizado convirtiéndose en uno de los predilectos de los amantes de la buena cocina.

Loulé
✉ Praça da República
🕐 L-S: 7-15 h

Precioso edificio neomudéjar en el centro. Uno de los más típicos y especiales.

Olhão
✉ Avenida 5 de Outubro
🕐 L-S: 7-13 h
El más grande del Algarve, con dos edificios destinados uno a pescados y mariscos, y otro a frutas y verduras. Junto al paseo marítimo.

Mercados itinerantes

Portugal posee una gran tradición de comercio ambulante, en algunas ciudades son acontecimientos que marcan la agenda vital de la población. Indicamos los más importantes por tamaño y calidad.

Ponte da Lima
✉ 30 km al interior de Viana do Castelo
🕐 Lunes alternos
El más importante de la región del Miño. Buen precio.

Barcelos
✉ Praça da República
🕐 Jueves
Uno de los mayores del país.

Espinho
✉ 19 km al sur de Oporto
🕐 Lunes
Cerámica, ropa y artesanía.

Albufeira
✉ Qurada, al este de la ciudad
🕐 Primer y tercer martes de cada mes
El más extenso del Algarve.

Monchique
🕐 Segundo viernes de mes
Orientado a los turistas de la costa con gran variedad de artesanía.

Portimão
✉ Junto a la estación de tren
🕐 Primer lunes de mes

Rastros

Mercadillos con puestos que venden alguna antigüedad, objetos curiosos, muebles viejos, y un sinfín de cosas curiosas provenientes de casas de campo y coleccionistas.

Lisboa (Feira da Ladra)
✉ Campo de Santa Clara
🕐 Martes y sábados. 6-17 h
El más grande de la capital, reúne artesanía, alimentos, ropa, alfombras, etc.

Oporto (Feira da Vandoma)
✉ Av. 25 de Abril (Campanhã)
🕐 Sábados: 8-13 h
Una buena manera de conocer el interior de las casas de Oporto. Un mercadillo muy castizo.

Mercadillo de Loulé

Además de ser uno de los más grandes, es una combinación ideal entre mercadillo y mercado de abastos. Lo más interesante es sin duda la gran variedad de productos locales que se pueden adquirir: higos secos, almendras, jamón y embutidos, quesos de variedades locales, aliños basados en hierbas, buen aceite y un largo etcétera. Todos ellos a menudo elaborados por los propios campesinos que se dan cita cada sábado para vender sus productos en torno al mercado neomudéjar situado en la Avenida Jose da Costa Mealha, en el centro de la localidad.

Albufeira
✉ Junto al mercado dos Caliços
🕐 Segundo y tercer sábado de mes

Portimão
🕐 Primer y tercer domingo de mes

Vila Real de Santo António
🕐 Segundo sábado de mes

Vino y alimentos

Casa Januário
✉ R. do Bonjardim, 352, Oporto
☎ 223 320 153

Las bodegas de Vila Nova de Gaia
✉ Oporto
Botellas del famoso vino de Oporto, en todas sus variedades y gamas de precios.

Garrafeira do Carmo
✉ Rua do Carmo, 17, Oporto
☎ 222 003 285
🌐 www.garrafeiracarmo.com
Acogedora tienda que vende bebidas alcohólicas y vinos de Oporto. Buenos precios.

Dom Vinho e outros parentes Nobres
✉ Rua Armando de Sousa, lote 17, loja Z, Coimbra
☎ 239 406 050
🌐 www.domvinho.com
Negocio familiar, abierto desde 1999. Organiza cenas regadas de vino con la presencia de productores.

Solar do Vinho do Porto
✉ Rua São Pedro de Alcântara, 45, Lisboa
☎ 222 071 693
Un buen sitio para hacerse con buen vino de Oporto.

Garrafeira Nacional
✉ Rua de Santa Justa, 18, Lisboa
☎ 218 879 080
Bodega con un gran surtido de vinos y otros licores.

Vinos y licores

Los vinos de Portugal son a menudo caldos frescos que conviene consumirlos en poco tiempo y en el lugar. No obstante hay algunas denominaciones de origen que resisten el traslado y pueden aguantar un poco más. Alternativas de adquisición a Vinhos Verdes y vinos jóvenes son las procedencias de Oporto, Dão o Barreiro.En cuanto a los licores, el de madroño *(medronho)* y el de almendra amarga *(améndoa amarga)* son los más populares, sobre todo los del Algarve.

Garcias
✉ Rua do Poço Seco, Cardosas, Portimão
☎ 282 097 632
Tienda en la que es posible encontrar varios vinos de Portugal y también otro tipo de bebidas alcohólicas. Excelente variedad.

Garrafeira Soares
✉ Av. da Liberdade, 48, Albufeira
☎ 289 589 041
Gran variedad de vinos y también de licores

Ropa y complementos

Arrecadação da Luz
✉ Praia da Luz, Lagos
☎ 918 660 005
🖥 www.arrecadacaodaluz.net
Original artesano de la forja y una galería de arte. Ideas originales y elegantes.

Talai Shop
✉ Rua José Estevão, Mercado Municipal, tienda nº 14, Silves
Tienda con una enorme variedad de complementos, como collares, pulseras o pendientes. Colecciones originales.

Hand Colour
✉ Rua Capitão Jorge Ribeiro, 38, Tavira
☎ 966 047 077
Marca de joyas artesanales creada en 2010. La tienda promueve a los artesanos locales y también se dedica a la moda y los accesorios.

Loja da Tralha
✉ Rua Dunfermline, Edifício Navegador, Lote 11, tienda B, Albufeira
☎ 960 270 422
Gran variedad de tejidos y artículos para artes decorativas. Buena relación calidad-precio.

Loja Loulé Criativo
✉ Rua de Nossa Senhora de Fátima, Loulé
☎ 289 400 829
Tienda que reúne bisutería, cestería o ropa, entre otros. Apuesta por los creadores locales y por las técnicas artesanales.

Colar de Contas
✉ Rua Baptista Lopes, 8, Faro
☎ 962 226 080
Tienda de moda femenina que sigue las tendencias de la actualidad. Variadas opciones de moda y complementos.

A Flor da Agulha - Oficina Artesanal
✉ Rua Cor. Figueiredo Valente, 2, Martim Longo, Alcoutim
☎ 281 498 251
Productos de trapología. Muñecos de yute o arpillera.

Antigüedades

Alda Luís Antiguidades
✉ Calçada Poço Mouros 40, Lisboa
☎ 926 583 103
🖥 http://aldaluisantiguidades.pt

Compra y venta de antigüedades donde destacan las piezas religiosas.

Fundação Ricardo Espírito Santo
✉ Largo das Portas do Sol 2, Lisboa
☎ 218 814 600
La fundación se encarga de realizar copias de altísima calidad de piezas de museo de azulejos, *arraiolos,* muebles antiguos, etc.

Joyería

Arrecadação da Luz
✉ Rua da Calheta, 4D, Praia da Luz, Lagos
☎ 282 788 224
www.arrecadacaodaluz.com
Tienda inaugurada en 2004 que se distingue por tener joyas de autor y que también sirve de escaparate para nuevos talentos de la joyería.

Joalharia do Carmo
✉ Rua do Carmo, 87 B, Lisboa
☎ 21 342 4200
Tienda centenaria situada en el corazón de Lisboa. Presenta una variada oferta de joyas, como por ejemplo de filigrana portuguesa.

Horarios comerciales

Abren de lunes a viernes de 9-13 h y de 15-19 h, los sábados por la mañana, domingos y festivos cerrados por lo general. En los pueblos más turísticos, los supermercados no cierran ni domingos ni festivos, y algunos establecimientos del centro abren hasta las 22 h o incluso más. Por el contrario es fácil encontrar muchos de estos negocios cerrados en la temporada invernal.

Gemas do Mundo
✉ Rua Gil Eanes , 29a, Monte Gordo
☎ 281 541 679
🖥 www.gemasdomundo.com
Tienda especializadas en gemas importadas, piedras preciosas, fósiles, etc.

Artesanía

Associação De Artesãos Do Galo
✉ Largo Dr. José Novais, 13, Barcelos
☎ 253 825 022
Ejemplo de lo mejor de la artesanía de Barcelos, con destaque especial para el elemento típico de todo o país: el gallo.

N'ArteCicus – Associação de Artesãos e Artistas Plásticos de Monchique
✉ Fóia, Monchique
☎ 965 894 941
Aquí es posible encontrar piezas de artesanía de varios materiales, como mimbre, tela, cerámica o ganchillo. También organiza talleres para saber más sobre su confección.

Vida Portuguesa
✉ Rua Anchieta, 11, Lisboa
☎ 213 465 073
Tienda en la que es posible ver ejemplos de lo mejor de la tradición portuguesa. Entre sus variados productos, cuenta con una interesante oferta de piezas de cerámica.

Rosmaninho
✉ Rua Vasco da Gama, tienda 5, Loulé
☎ 289 301 178
Espacio con varias piezas de artesanía, así como de decoración. Ideal para encontrar el regalo perfecto.

Quadritinta
✉ Av. Carlos Mota Pinto, Lote 11 – tiendas 1 y 2, Quarteira
☎ 289 302 170

Cestos y cerámicas

Los cestos que se encuentran en las tiendas de artesanía están realizados en mimbre, juncos teñidos (en el norte del país) o bien hojas de palma (en el Algarve). Son un excelente regalo. En cuanto a la cerámica la hay de muchísimos colores, tamaños y patrones. Muchos turistas encuentran gracioso, la denominada cerámica "verde", con diseños eróticos.

Espacio donde se poden encontrar varios artículos de artes decorativas y donde es posible aprender a través de los varios talleres que proponen.

Prometeu Artesanato
✉ Rua Mouzinho de Silveira, Porto
☎ 222 017 003
Piezas de cerámica del Alentejo, azulejos, bisutería, objetos de hierro, imágenes de madera, artesanía de Barcelos.

Oficina das Artes
✉ Rua Direita, 95, Óbidos
☎ 965 675 221
También conocida como Oficina de Barro, funciona hace más 20 años y da prioridad a la verguinha, una técnica de origen italiano que se fue perdiendo con el tiempo hasta que Bordalo Pinheiro, la trajo de vuelta a Portugal en uno de sus viajes.

O Cesto
✉ Rua 5 de Outubro, 57 A y 77, Évora
☎ 266 703 344
🖥 www.ocesto.com.pt

Abierta desde 1983, promueve a los artesanos nacionales, por lo que todos los artículos de corcho, cerámica, tela, piel o barro son originales de Portugal.

Alfarerías en São Pedro do Corval
Este pueblo es famoso por el gran número de alfarerías que ocupan sus calles. Vale la pena hacer una parada en el camino.

Casa do Artesanato
✉ Calçada da Galería, 11, Tavira
☎ 281381265
Creada en 2001, la ASTA (Associação de Artes e Sabores de Tavira) es una asociación de artesanos y productores agroalimentarios del municipio de Tavira. Dispone de una tienda y también organiza cursos de artesanía.

Artesanato Alexandre
✉ Praça da República, 8, Alvor
☎ 282 458 204
Tienda situada en el centro de Alvor donde destacan las vajillas pintadas a mano.

Ir con niños

Además de las visitas turísticas, en Portugal se han construido en las últimas décadas una serie de centros que ofrecen actividades divertidas para ellos (y también para mayores). Casi todos ellos se concentran en torno a Lisboa y en el Algarve. Se recomienda consultar los horarios por Internet. No obstante, durante el verano, existen numerosas ferias que se reparten por toda la geografía del país, y que van de ciudad en ciudad siguiendo las fiestas patronales. Casetas, coches de choque, y otras atracciones se dan cita en explanadas acondicionadas en casi todos los pueblos y ciudades de Portugal, en algún momento del verano.

PARQUES ACUÁTICOS

Abren en la época estival con el buen tiempo, principalmente en el Algarve, disfrutando de los largos veranos que abarcan temporadas de seis meses o más.

Portimão

Slide & Splash
✉ En N125 Vale de Deus, Estombar, junto a Portimão
☎ 282 340 800
🖱 www.slidesplash.com
Inaugurado en 1986, es uno de los más modernos y grandes de Portugal.

Quarteira

Aqua Show
✉ En N396 Quatro Estradas, Quarteira/Vilamoura
☎ 289 315 129
🖱 www.aquashowpark.com
Bastante cerca del anterior. En la N396 en dirección a Quarteira. Dispone de un hotel anexo.

Armação de Pêra

Aqualand Algarve
✉ Entre la N125 y la A22 en el cruce de Alcantarilha, 5 km al norte de Armação
☎ 282 320 230
🖱 www.aqualand.pt
Cuenta con áreas para niños, adultos y bellos jardines para descansar. Resul-

ta ideal para pasar un día y cambiar de actividad si se está de excursión por la zona. Esta organizado para pasar una agradable jornada familiar.

ZOOLÓGICOS Y ACUARIOS

Es todo un clásico para los niños. Los hay temáticos y marinos.

Lisboa

Jardim Zoológico
✉ Praça Marechal Humberto Delgado, Sete Rios
☎ 217 232 900
🖱 www.zoo.pt
Con espectáculos de delfines, de leones y más de 400 especies de animales.

Oceanário
✉ Esplanada Dom Carlos I, Doca dos Olivais. Parque das Nações
☎ 218 917 000
🖱 www.oceanario.pt
El Oceánario cuenta con el mayor tanque de agua salada de Europa, especies distribuidas por océanos.

Albufeira

Zoomarine

✉ En la N125 km 65 Guia,
   junto a Albufeira
☎ 289 560 300
🌐 www.zoomarine.com
Espectáculos con animales,
delfinario y atracciones de
agua. En la N125 a 1 km de
Guia hacia Portimão.

Krazy World Zoo

✉ N125, Lagoa de Viseu,
   8365 Algóz
☎ 282 574 134
🌐 www.krazyworld.com
Animales, minigolf, aquapark...

Lagos

Zoológico de Lagos

✉ Sitio do Medronhal,
   Barão de São João
☎ 282 680 100
🌐 www.zoolagos.com
En esta reserva de animales
salvajes se pueden ver mo-
nos, lagartos, camaleones,
así como otras especies
amenazadas.

Oporto y alrededores

Sea Life

✉ Rua Particular, 1,
   Castelo do Queijo, Oporto
☎ 226 190 400
🌐 www.visitsealife.com
Pese a no ser muy grande,
expone una gran variedad
de animales marinos. Con-
viene visitarlo pues es muy
pedagógico.

Zoo Santo Inácio

✉ Rua 5 de Outubro, 4503,
   Avintes, Vila Nova de Gaia
☎ 227 878 500
🌐 www.zoosantoinacio.com
El zoológico de mayores
dimensiones y con más es-
pacios verdes del norte de
Portugal.

Zoo de Maia

✉ Rua da Estação, Maia,
   Oporto
☎ 229 442 303
🌐 www.zoodamaia.pt

Este zoo cuenta con numerosas actividades para los niños.

Vila Nova de Sto. André

✉ Badoka Safari Park Herdade
   da Badoca
☎ 269 708 850
🌐 www.badoca.com
Un día diferente en medio de
la naturaleza y la vida salvaje.

Miranda do Corvo

Parque Biologico da Serra da Lousã

✉ Quinta Da Paiva, Miranda Do
   Corvo, Coímbra
☎ 915 361 527
Una gran muestra de la fauna
y la flora portuguesas en un
entorno protegido.

PASEOS EN BARCO

En localidades turísticas, sobre
todo del Algarve, hay barcos
de recreo que ofrecen paseos
y rutas para avistar delfines y
disfrutar del entorno.

Vilamoura

Cruzeiros da Oura

✉ Cais Q, Marina de
   Vilamoura, escritório 3
☎ 289 301 900
🌐 www.cruzeiros-da-oura.com
Cruceros y excursiones en
barco para visitar las grutas y
otras maravillas del Algarve.

Portimão

Santa Bernarda. Barco Pirata

✉ Cais Vasco da Gama
☎ 282 422 791
🌐 www.santa-bernarda.com
Embarque en una carabela
de fantasía para realizar una
barbacoa o descubrir la costa. Actividades para niños.

Lagos

Bom Dia Boat Trips

✉ Loja 10, Marina de Lagos
☎ 282 087 587
🌐 www.bomdiaboattrips.com

Cuenta con dos veleros con
para ir a la bahía de Lagos,
las grutas. Organizan excursiones para avistar delfines.

OTRAS ATRACCIONES

Existen algunos parques temáticos dedicados a la divul-
gación de la naturaleza o la
ciencia y otros centrado en
el ocio y el deporte infantil.

Alcoutim

Límite Zero

✉ Sanlúcar de Guadiana y
   Alcoutim
☎ 0034 670 313 933
🌐 www.limitezero.com
Tirolina transfronteriza única
en el mundo que une Sanlúcar
de Guadiana con Alcoutim.

Vilamoura

Family Golf Park

✉ Rua dos Marmeleiros
☎ 289 300 800
🌐 http://familygolfpark.pt
Dos campos de 18 hoyos
en Appia Via y Via Lusitânia,
rodeados de zonas verdes y
lagos. Tienen un área infantil,
una sala de juegos, un bar y
un servicio de tren turístico.

Almancil

Almancil Karting

✉ Caminho das Pereiras
☎ 289 399 899
🌐 www.kartingalgarve.com
Gran circuito que es una
réplica del brasileño de Ja-
carepaguá. Las instalaciones
fueron inauguradas en 1992
por el campeón brasileño de
Fórmula 1 Ayrton Senna.

Évora

Kartódromo de Évora

✉ Estrada Nacional 114,
   kilómetro 182,9
☎ 266 737 700
🌐 www.kartevora.pt
Karts y quads para andar por
el campo, que encanta a mayores y a los más pequeños.
Además ofrecen *paintball*.

▌Divertirse

CASINOS

El juego está regulado por ley en Portugal, y las licencias de casinos se han otorgado en poblaciones de veraneo y vacaciones en las proximidades de Oporto (Póvoa de Varzim), de Lisboa (Estoril) o del Algarve. Para acceder basta con el DNI en regla, generalmente la entrada es gratuita a la zona de tragaperras, pero se suele cobrar entrada para el acceso a las salas de juegos clásicos. Todos tienen restaurantes y un calendario con actuaciones y cenas con espectáculos.

Oporto

Casino de Póvoa
✉ Av. de Braga, Póvoa de Varzim
☎ 252 690 888
🖥 www.casino-povoa.com

Casino de Espinho
✉ Rua 19, 85. Espinho
☎ 227 335 500
🖥 www.gruposolverde.pt/casinos/

Lisboa

Casino de Lisboa
✉ Alameda dos Oceanos, lote 1.03.01
☎ 218 929 00
🖥 www.casino-lisboa.pt

Casino de Estoril
✉ Av. Dr. Stanley Ho. Estoril
☎ 214 667 700
🖥 www.casino-estoril.pt

Algarve

Hotel Algarve Casino
✉ Praia da Rocha,
☎ 282 402 000
🖥 www.gruposolverde.pt/casinos/

Casino Monte Gordo
✉ Monte Gordo, a 6 km de la frontera española

☎ 281 530 800
🖥 www.gruposolverde.pt/casinos/

Casino Vilamoura
✉ Pr. Casino Vilamoura, Quarteira
☎ 289 310 000
🖥 casinovilamoura.solverde.pt

TEATROS Y SALAS DE ESPECTÁCULOS

Los programas de los principales teatros tienen siempre obras interesantes, ya sean contemporáneas o clásicas; ver una obra en el idioma de Camões es siempre una excelente forma de acercarse a la cultura portuguesa.

Lisboa

Teatro Nacional Dona Maria II
✉ Praça do Rossio o Dom Pedro IV
☎ 213 250 800
🖥 www.tndm.pt
El principal teatro de Lisboa y el más prestigioso de Portugal.

Teatro Nacional de São Carlos
✉ Largo de São Carlos, Bairro Alto
☎ 213 253 000
🖥 http://tnsc.pt
Programa que incluye ballet, ópera y conciertos de música clásica. Se puede visitar.

Teatro Municipal São Luiz
✉ Rua Antonio Maria Cardoso, 38
☎ 213 257 640
🖥 www.teatrosaoluiz.pt
Otro gran teatro con arraigo y tradición. Visitado por numerosas compañías extranjeras.

Fundação Calouste Gulbenkian
✉ Av. de Berna, 45 A
☎ 217 823 000
🖥 https://gulbenkian.pt

Conciertos de música en una sala con una gran acústica.

Coliseu dos Recreios
✉ Portas de Santo Antão, 96
☎ 213 240 580
🖥 www.coliseulisboa.com
Un de las principales salas de conciertos de Lisboa.

Oporto

Casa da Música
✉ Av. da Boavista, 604-610
☎ 220 120 220
🖥 www.casadamusica.com
Sala de conciertos con una dinámica programación.

Teatro Nacional de São João
✉ Praça da Batalha
☎ 223 401 900
🖥 www.tnsj.pt
El teatro más importante de la capital del norte.

EL FADO

El fado podría considerarse como el estilo musical nacional de Portugal. Surgido en Lisboa, como fruto de influencias que llegaban de las distintas colonias portuguesas establecidas por todo el mundo. La música se crea con la simplicidad de dos guitarras, una portuguesa de doce cuerdas, que lleva el peso de la melodía, y otra española con los bajos.

Coímbra

aCapella – Casa de Fados
✉ Rua Corpo de Deus, Largo da Vitória, Capela da Vitória
☎ 239 821 129
🖥 www.facebook.com/aCapella.Coimbra

Diligência
✉ Rua Nova, 30
☎ 239 827 667
Popular entre los universitarios con actuaciones todo el año.

Oporto

Mal Cozinhado
✉ Rua Outeirinho, 13
☎ 961 358 960
🖰 www.malcozinhado.pt
En el barrio de la Ribeira, el mejor fado de la ciudad. Para disfrutar en compañía.

Lisboa

Mesa de Frades
✉ Rua dos Remédios, 139,
☎ 917 029 436
🖰 www.mesadefrades.pt

A Severa
✉ Rua das Gáveas, 51
☎ 213 428 314
🖰 www.asevera.com
Uno de los locales emblemáticos, por el que han pasado todas las figuras del fado.

Clube de Fado
✉ Rua de São João
de Praça, 86-94
☎ 218 852 704
🖰 www.clubedefado.pt
Un elegante y moderno local para degustar la melancolía.

Senhor Vinho
✉ Rua do Meio à Lapa, 118
☎ 213 972 681
🖰 www.srvinho.com
Verdadero fado de calidad a precios razonables.

Algarve

Alma Lusa Restaurante
✉ Estrada Porto de Mós, Lagos
☎ 924 714 439
🖰 www.almalusalagos.com

Fado com História
✉ Rua Damião Augusto de Brito Vasconcelos, 4, Tavira
☎ 966 620 877
🖰 www.fadocomhistoria.com

Restaurante Dallas
✉ Av. Dr Francisco Sá Carneiro, Loja 5, Torre 20, Quarteira
☎ 289 313 818

CINES

Las tradicionales salas en el centro de las ciudades han ido dando paso a los grandes complejos de multisalas situados en los centros comerciales de las principales ciudades. Hay gran afición por el cine, y sigue siendo una de las actividades de ocio de mayor aceptación en Portugal. Las películas son casi siempre en versión original con subtítulos en portugués.

Norte y Beiras

Cinema NOS Braga Parque
✉ Quinta dos Congregados
☎ 253 257 109
🖰 www.cinemas.nos.pt

Cinema NOS Alma Shopping Coimbra
✉ Rua General Humberto Delgado, 207
☎ 707 246 362
🖰 www.cinemas.nos.pt

Cineplace-Estação Viana Viana Shopping
✉ Estação Viana Shopping, Viana do Castelo
☎ 707 220 220
🖰 www.cineplaceportugal.pt

Oporto

Cinemas NOS
✉ Maia Shopping. Lugar de Ardegães, Aguas Santas
✉ Gaia Shopping. Av dos Descobrimentos, 549
✉ Norte Shopping. Rua Sara Afonso, 105, Matosinhos
🖰 www.cinemas.nos.pt

Cinema Trindade
✉ Rua do Almada, 412
☎ 223 162 425

Lisboa

Cinemas NOS
✉ Vasco Gama Shopping. Av. D. João II, Parque das Nações
✉ Amoreiras Shopping. Av. Duarte Pacheco
🖰 http://cinemas.nos.pt

Amália Rodrígues

Quizá la cantante portuguesa más famosa de todos los tiempos. Fue conocida como la "Reina del Fado". En la década que comenzaba en 1950, recorrió el mundo con su repertorio, cobrando fama internacional y popularizando el estilo por todo el mundo, que desde entonces goza de un gran prestigio y reconocimiento.

São Jorge
✉ Av. da Liberdade 175, Lisboa
☎ 213 103 400
🖰 www.cinemasaojorge.pt

Cinemateca Portuguesa
✉ Rua Barata Salgueiro, 39
☎ 213 596 200
🖰 www.cinemateca.pt

Cinema Ideal
✉ Rua do Loreto, 15
☎ 210 998 295
🖰 www.cinemaideal.pt

Algarve

Algarve Shopping
✉ N125 al oeste de Albufeira
☎ 289 561 575
🖰 www.cineplaceportugal.pt

Algarcine – Cinema de Lagos
✉ Rua Cándido dos Reis, Lagos
☎ 282 799 138

Cinemas NOS – Fórum Algarve
✉ N125 Sitio das Figuras, Faro
🖰 http://cinemas.nos.pt/

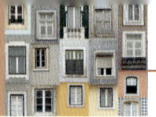

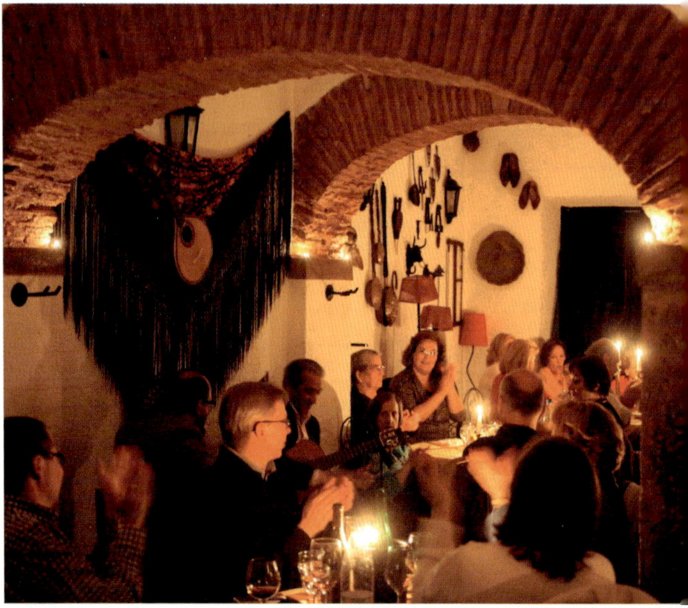

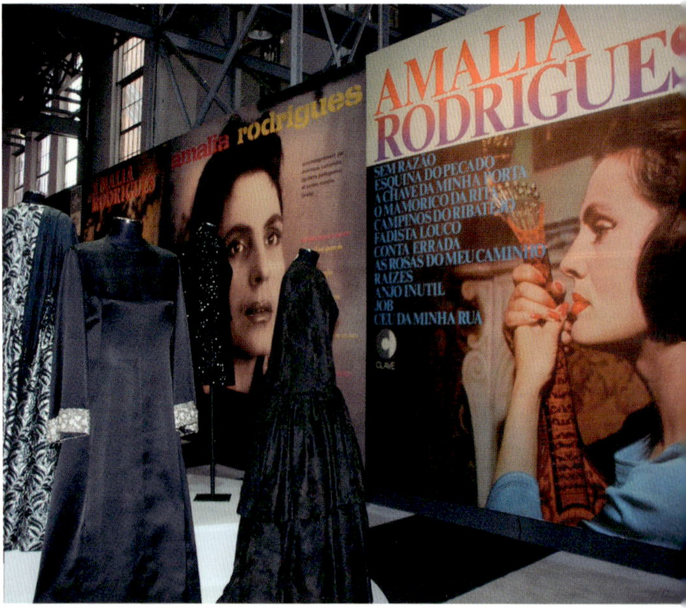
AMALIA RODRIGUES
SEM RAZÃO
ESQUINA DO PECADO
A CHAVE DA MINHA PORTA
O MAMORICO DA RITA
CAMPINOS DO RIBATEJO
FADISTA LOUCO
CONTA ERRADA
AS ROSAS DO MEU CAMINHO
RAIZES
ANJO INUTIL
JOB
CEU DA MINHA RUA
CLAVE
amalia rodrigues
AMALIA RODRIGUES

▌ Fiestas

Febrero

Carnaval: Su celebración varía cada año de fecha, dependiendo de la Semana Santa, ya que el martes de Carnaval debe ser cuarenta días antes que esta. Hay celebraciones con gran tradición repartidas por todo Portugal, pero quizás los más importantes son los de Loulé y Torres Vedras.

Existen desfiles de carrozas con temas satíricos de crítica social al año que se va. Estas cabalgatas llenas de humor suelen acompañarse de huevos, harina y agua que son lanzados a los espectadores.

Marzo/abril

Semana Santa: El primer jueves de luna llena tras el equinoccio de primavera. De esta forma se puede calcular cuándo será la Semana Santa, aunque ha de ser la autoridad de la Iglesia católica quien corrobore y confirme esta fecha.

Hay mucha devoción en cada pueblo y comarca, y abundan los desfiles, las representaciones de la Pasión y de la Crucifixión. En las Oficinas de Turismo locales proporcionan folletos que recopilan los principales oficios.

La Semana Santa en la localidad de Braga, capital espiritual de Portugal, es la más afamada.

Mayo

Todo el país celebra el **1 de Mayo** con actos sociales en ocasiones acompañados de reuniones, folclore y comidas en común.

El primer fin de semana se producen en Barcelos las **Festas das Cruzes,** en don-

de simbolizando la pasión de Cristo, se alfombran las calles del desfile con flores. El 13 de mayo es el **día de Fátima.** Congrega a decenas de miles de personas en la explanada de la basílica, en conmemoración del día de las apariciones.

Junio

El primer fin de semana de junio están las fiestas de São Gonçalo en Amarante, de gran devoción popular, con romerías y ofrendas al santo. Entre el 12 y el 28 de junio se celebran los mayores festejos de Lisboa: las Festas dos Santos Populares, el 12 y 13 de junio, y las fiestas de Santo António conmemoran el patrón de la capital.

Durante la última semana de junio y coincidiendo con el solsticio de verano, tienen lugar las Festas de São João (San Juan), unas de las más importantes de Oporto, que las celebra con hogueras, verbenas y fuegos artificiales.

Julio

Durante los meses de verano, muchas localidades costeras organizan numerosas actividades culturales para atraer el turismo. Hay festivales de artesanía, gastronómicos, de cine y de música popular y folclórica.

La primera semana de julio, Coímbra se engalana para sus fiestas dedicadas a la Reina Santa, **Festas da Rainha Santa,** con multitud de actividades culturales que también clausuran el año académico.

En Alcoutim tiene lugar uno de los mayores festivales de artesanía del país entre la segunda y tercera semana de julio, con asistentes

de todos los puntos de la geografía lusa.

También hay una gran concentración de moteros en la **Concentração Moto Clube de Faro.** Asimismo, en el Alentejo, el **Festival Internacional de Música de Marvão** ha conquistado el alma de muchos espectadores.

Agosto

Durante el verano, muchas localidades celebran sus fiestas patronales.

En la localidad de Vila do Conde se ve una multitudinaria muestra de artesanía, que coincide con los días finales de julio y principios del mes de agosto.

El último fin de semana de agosto, tiene lugar en Lagos las fiestas del fin de verano, **Banho del 29,** con música, ferias y fuegos artificiales. Y en Viana do Castelo, una de las fiestas más importantes del país, las **Festas da Senhora da Agonia.**

Septiembre

Al término del verano, se conmemora en diversos lugares del país la llegada de la vendimia. En Palmela, al otro lado del estuario del Tajo, la **Festa da vendimia** en septiembre. También en Lagoa, en el Algarve, coincidiendo con la vendimia se celebra la **Festa da Nossa Senhora da Luz.**

Octubre/noviembre

Entre octubre y noviembre, se disfruta del festival gastronómico más importantes de Portugal, la **Feria Nacional de Gastronomía de Santarém.** En la capital del Tajo, tienen lugar degustaciones de los mejores productos regionales y las cocinas de todos los rincones del país.

Información Práctica

Embajadas y consulados

Embajada de Portugal en España
Lagasca, 88, 4º A,
28001 Madrid
Telf. 915 773 585

Embajada de España en Portugal
Rua do Salitre, 1
1250 Lisboa
Telf. 21 347 23 81/82/83
L-V: 9-14 h (atención al público)

Oficinas de Turismo en España
Lagasca, 88, 4º B
28001 Madrid
Telf. 917 617 230

ANTES DE PARTIR

Qué llevar

Algunas naciones requieren que el pasaporte sea válido por un tiempo (generalmente seis meses) tras la fecha de entrada. Contacte con su embajada, consulado o agencia de viajes para más detalles.

– Pasaporte/DNI: obligatorio
– Visado: no obligatorio
– Billete de ida o vuelta: no obligatorio
– Vacunas: no obligatorio
– Tarjeta sanitaria (P123, Salud): no obligatorio
– Seguro de viaje: recomendable
– Permiso de conducir (nacional): obligatorio
– Certificado de seguro del coche (si es el propio): obligatorio
– Documentación de registro del coche (para coche propio): obligatorio

Cuándo ir

Oporto, Lisboa y Algarve

Abril-junio y septiembre		Temporada media
Julio y agosto		Temporada alta
Octubre-abril		Temporada baja
Enero	12 ºC	Lluvioso
Febrero	12 ºC	Nuboso
Marzo	13 ºC	Nubes y claros
Abril	16 ºC	Sol
Mayo	17 ºC	Sol
Junio	21 ºC	Sol
Julio	22 ºC	Sol
Agosto	23 ºC	Sol
Septiembre	21 ºC	Sol
Octubre	18 ºC	Nubes y claros
Noviembre	15 ºC	Lluvioso
Diciembre	12 ºC	Lluvioso

DURANTE LA ESTANCIA

Llegada

Los principales aeropuertos de entrada a Portugal son los internacionales de Lisboa, Oporto y Faro. Ninguno de ellos se encuentra a gran distancia de la capital, y todos cuentan con un sistema de transporte público que les comunica con el centro de las ciudades. El de Lisboa está a 7 km del centro, y se tarda unos 15 minutos en taxi, o 30 minutos en autobús. Hay varias líneas de autobús disponibles dependiendo de a qué parte de la capital se desea llegar, así como el metro. El de Oporto se halla a unos 8 km del centro. Existen conexiones de metro (línea Violeta) que tarda entre 20 y 35 minutos dependiendo la zona de la capital a la que os dirijáis. Los autobuses urbanos 601, 602 y 604 también conectan el aeropuerto con la ciudad.

Desde el aeropuerto de Faro, a 4 km del centro, se tarda unos 15 minutos en autobús. En taxi se hace el recorrido en aproximadamente 10 minutos.

TAP Air Portugal es la aerolínea de bandera que más conexiones ofrece entre Portugal y el resto de Europa (☎ 218 415 000).

▮ Moneda

El euro (€) es la moneda oficial portuguesa, tras la desaparición del escudo en 2002, y circula en forma de monedas con los siguientes valores 1, 2, 5, 10, 20 y 50 céntimos y de 1 y 2 euros así como en billetes de 5, 10, 20, 50, 100 y 200 euros. Se aceptan cheques de viaje en euros en casi todos los lugares, además de las principales tarjetas de crédito, aunque es más útil disponer de efectivo si viaja por los pueblos del interior. Las tarjetas de crédito se aceptan en la mayoría de hoteles y restaurantes, pero no en todos los comercios, y también permiten efectuar la retirada de efectivo en la red de cajeros automáticos. Las oficinas bancarias se encuentran en la mayoría de las poblaciones de cierta importancia.

▮ Hora oficial

El Portugal continental se rige por el mismo horario que Canarias. Por tanto, una hora de retraso con respecto al horario peninsular español, tanto en verano (finales de marzo a finales de octubre) como en invierno.

▮ Fiestas nacionales

1 ene	Día de Año Nuevo
Feb (variable)	Martes de Carnaval y Miércoles de Ceniza
Mar/abr	Viernes Santo
Mar/abr	Lunes de Pascua
25 abr	Día de la Revolución
1 may	Día del Trabajo
Jun (variable)	*Corpus Christi*
10 jun	Día Nacional
15 ago	Asunción
5 oct	Día de la República
1 nov	Todos los Santos
1 dic	Día de la Independencia
8 dic	Inmaculada Concepción
25 dic	Navidad
26 dic	San Esteban

▮ Descuentos

Estudiantes/jóvenes. Los museos tienen entrada reducida para estudiantes y gratuita para niños. Llevar DNI o carné de estudiante para acreditar la edad. **Personas de la tercera edad.** El clima cálido y los descuentos por estancias largas en temporada baja atraen a muchas personas mayores en invierno. Más información en agencias de viaje.

▮ Propina

En Portugal pervive la costumbre de la propina, cuyo importe depende del montante del servicio o de la voluntad del cliente.

❚ Taxis

Para tomar un taxi, basta con levantar la mano cuando se encuentran libres o acudir a una parada. Suelen estar pintados de color crema, y sus precios resultan más moderados que en otros países europeos. Existen recargos de las tarifas del taxímetro, por nocturnidad (de 23 h a 6 h), por desplazamientos a aeropuertos y maletas, y saliendo de las áreas metropolitanas. En cualquier otro caso, la tarifa viene especificada en el taxímetro.

❚ Horario comercial

El horario comercial es de 9-10 h a 13 h y de 15 h a 18-19 h, no obstante muchas tiendas para turistas abren de 9-22 h domingos incluidos, en temporada alta.

Supermercados y grandes almacenes abren, cada vez más, de 9-19 h, incluso hasta las 22 h en algunos casos (17 h los domingos).

Las farmacias cierran tarde y siguen un sistema de guardias (cartel indicador en la puerta).

El horario de iglesias y museos debe ser comprobado en cada caso.

❚ Transporte público

Avión. *TAP* (☎ 218 415 000, 🕾 www.flytap.com/) y *Portugalia* (☎ 211 234 400, 🕾 www.pga.pt) son las dos principales líneas aéreas portuguesas. Hay servicios regulares entre Faro, Oporto y Lisboa. Estas últimas a través de un puente aéreo.

Tren. La compañía portuguesa de transporte ferroviario se llama *Comboios de Portugal,* CP (☎ 210 900 746, 🕾 www. cp.pt). Existen varios tipos de conexiones: regionales e Inter-Regionales, *intercidade*, *Alfa Pendular*, *Comboios urbanos* de Lisboa, de Oporto y de Coímbra y *Celta* (Oporto/Vigo)

Autobús. Hay diversas compañías que realizan estos servicios, tanto de larga distancia como de servicios regionales (🕾 www.rede-expressos.pt; www.flixbus.pt)

Barco. Hay servicio de transbordadores entre Lisboa y Cacilhas que cruza el estuario del Tajo, de forma regular (cada 15 minutos). También el estuario del Sado, entre Setúbal y la península de Troia.

Transporte urbano. Cada ciudad dispone de una red de transporte público bastante desarrollada. En Lisboa la compañía pública *Carris* opera autobuses, tranvías (eléctricos), y funiculares (elevadores) (🕾 www.carris.pt).

❚ Conducir

Límite de velocidad en autopista: 120 km/h.

Límite de velocidad en carreteras nacionales: 90 o 100 km/h.

Límite de velocidad en zonas urbanas: 50 km/h.

Cinturón de seguridad obligatorio para el conductor y todos los pasajeros. Se realizan controles. Nunca conduzca bajos los efectos del alcohol.

Las estaciones de Servicio comercializan prácticamente los mismos productos que en España, gasolina sin plomo *(sem chumbo)* o gasóleo *(diesel).* Las hay en las principales localidades y carreteras del país. La mayoría tienen horario de 8 h a 20 h, aunque en las principales autopistas y carreteras se pueden encontrar algunas abiertas las 24 horas. Si tiene una avería, recuerde colocar el triángulo de advertencia. Puede utilizar alguno de los teléfonos SOS ubicados en las principales vías, o comunicar con el

Automóvel Clube de Portugal (ACP) que proporciona asistencia en carretera (☎ 215 915 915 🖰 www.acp.pt). La policía de tráfico puede imponer fuertes multas a quienes no lleven el DNI, el carné de conducir, el seguro o los documentos del alquiler del vehículo.

I Alquiler de coches

Si desea alquilar un coche, las principales compañías tiene oficinas en los aeropuertos de llegada. En las localidades turísticas, especialmente en el Algarve, hay muchas compañías de alquiler junto a los establecimientos hoteleros más importantes que ofrecen tarifas muy competitivas.

I Peajes

En los últimos años, las antiguas autovías de la red SCUT de Portugal han pasado a ser de pago mediante peajes electrónicos. Por lo tanto, el vehículo ya no se detiene para pagar manualmente a un cobrador o a una máquina automática. Con este sistema la empresa toma una fotografía de la matrícula sin la necesidad de pararse y posteriormente se debita la cantidad a la tarjeta asociada. En el caso de alquilar un vehículo portugués, se recomienda solicitar a la empresa de *Rent a car* el dispositivo *Via Verde,* que permitirá pagar los peajes en el momento de la devolución del vehículo.

Para los vehículos portugueses, existe una segunda opción, que es dirigirse a una oficina de correos, una tienda *CTT* o un agente *Payshop*. Bastará con indicar el número de la matrícula para saber la cantidad a abonar. El pago se debe realizar en un plazo máximo de 5 días.

En el caso de llegar con un vehículo extranjero, la opción más aconsejable es el sistema *EASYtoll*. Al cruzar la frontera, antes de entrar en la autopista, se deberá circular por el carril que indica "Extranjeros", con un símbolo de peaje y de *Visa* y *MasterCard*. De este modo, se pasará por un *Punto de Bienvenida* donde sin la necesidad de salir del vehículo se deberá introducir la tarjeta bancaria en el terminal de pago y el sistema asociará automáticamente la matrícula del vehículo a la tarjeta bancaria. Los siguientes peajes se debitarán automáticamente en la cuenta asociada a la tarjeta. La última opción es solicitar el dispositivo *Via Verde Visitantes (VVV)*. Tiene una validez de 3 meses y se puede adquirir en una tienda de *CTT* o en una tienda de *Via Verde* (www.viaverde.pt). Los dispositivos españoles VIA-T son válidos para pagar los peajes portugueses tradicionales y los peajes electrónicos implantados en las antiguas autovías SCUT con peaje electrónico. Hay que confirmarlo con el emisor antes de cruzar la frontera. Pero si se dispone de este dispositivo y del Via Verde se debe evitar tener ambos visibles al pasar por debajo de un peaje electrónico, ya que se corre el riesgo de que se cobre dos veces el importe.

I Correos

Hay oficinas de *Correios* en las principales localidades. Su horario es de 9-18 h. Algunos quioscos de prensa y hoteles venden sellos, estos también se pueden adquirir en las máquinas expendedoras que existen en algunas calles de las localidades principales y en todas las oficinas de Correos. Más información: 🖰 www.ctt.pt Las **Oficinas principales** abren de lunes a viernes de 9-18 h, sábados de 9-12.30 h. Las oficinas pequeñas cierran de 12.30-14.30 h. Enviar una tarjeta postal a España cuesta 1,20 €.

Medicamentos

Las farmacias abren de lunes a viernes, de 9- 19 h y los sábados de 9-13 h. Algunas tienen horario ininterrumpido (cierran de 13 a 15 h) y en los escaparates pueden verse los turnos de guardia. Conviene llevar los medicamentos que se toman regularmente por si no pudieran encontrarse allí. Sin embargo, en algunos casos, se pueden obtener algunos medicamentos que en los países de origen requieren receta médica, en parte por la buena preparación de los farmacéuticos para diagnosticar algunas dolencias y vender la medicina apropiada, a lo que se une la acostumbrada atención a los turistas extranjeros.

Precauciones

A pesar de que Portugal es uno de los países con menores índices delictivos, conviene tomar una serie de medidas de sentido común para evitar llevarse un disgusto. Los robos en el interior de los vehículos es un problema creciente sobre todo en el Algarve y algunas zonas mal iluminadas de las capitales. Recuerde:

• Guardar los objetos de valor en la caja fuerte del hotel.
• No dejar objetos de valor en los coches.
• No dejar sin vigilancia objetos de valor en la playa o la piscina.
• Atención a los carteristas. En caso de incidente o robo, es mejor preguntar en el hotel o agencia de viajes ya que conocen los procedimientos correctos para tratar con la burocracia, o acudir directamente a un puesto de policía. Para hacer la reclamación al seguro hay que quedarse con copia de la denuncia en cuestión. Policía Nacional: ☎ 112

Protección solar

Sobre todo durante los meses de primavera y verano, el sol brilla con mucha intensidad en Portugal, especialmente en el Algarve. Es conveniente protegerse con crema solar y no olvidar una gorra o sombrero, sobre todo aquellos más sensibles.

Agua potable

El agua del grifo suele ser potable en todas las ciudades de Portugal. Aunque en algunas zonas puede tener un sabor desagradable por su alto contenido en cal. Se vende agua embotellada *com gás* y *sem gás.*

Teléfonos

Para llamar desde España a Portugal, hay que marcar el prefijo internacional (**00**); después el prefijo del país (**351**) y, a continuación, el prefijo de la zona.
Dentro de Portugal se marca el prefijo de zona y los seis dígitos del número del abonado.

Prefijo internacional desde Portugal para llamar a España: hay que marcar el prefijo internacional (**00**); después el prefijo del país (**34**) seguido del número deseado.

Móvil. Las compañías de móviles en España suelen tener acuerdos con las portuguesas para proporcionar servicio de *roaming* y facilitan una buena cobertura a nivel nacional.

Fotografía

Qué fotografiar. Portugal es un país de gran variedad de paisajes naturales: montaña, acantilados, rocas y mar, bosques... y paisajes urbanos: preciosas villas con encanto, pueblos y rincones llenos de color, ciudades y monumentos. A la gran riqueza monumental se le añaden los intensos colores de sus paisajes y la viveza del tipismo que se encuentra en cada rincón del país.

La mejor hora. Es conveniente recordar que en las horas centrales del día, especialmente en primavera y verano, el sol se presenta muy vertical sobre el horizonte, y la luz puede ser cegadora, produciendo un efecto blanquecino de ausencia de contrastes; aproveche mejor la luz de la mañana hasta a las 10 h o a partir de las 16 h, cuando los rayos de sol inciden de forma más oblicua. Los atardeceres pueden ser muy bonitos con el sol poniéndose sobre el mar.

Dónde comprar material. Aunque la fotografía digital predomina ya en todas partes, aún es posible encontrar carretes para fotos en algunas tiendas de fotografía. También es posible encontrar pilas y tarjetas de memoria. En el caso de las diapositivas, solo en tiendas especializadas.

Seguros

Los ciudadanos de la UE reciben asistencia médica gratuita en Portugal presentado la **Tarjeta Sanitaria Europea** (www.seg-social.es). Por supuesto Portugal es un país de la UE y por lo tanto todo ciudadano de la Unión tiene asistencia gratuita por los convenios entre países de la Unión. Aun así es recomendable un seguro de viaje, necesario y casi esencial para los viajeros de otras nacionalidades ajenas a la Unión Europea.

Idioma

El idioma oficial es el portugués. Muy similar al español, leerlo lleva a engaño, ya que entender un periódico puede ser muy sencillo, pero comprender una conversación a veces resulta imposible. Fonéticamente más rico que el castellano, su pronunciación trae de cabeza a los españoles, mientras la mayoría de los portugueses son capaces de entender bastante bien todo lo que decimos.

Electricidad

La corriente eléctrica es de 220 voltios.
Los enchufes son iguales que en España.

▌Vocabulario básico (español-portugués)

Español	Portugués	Español	Portugués
Hotel		**Cortesía**	
Almohada	Almofada	¿Cómo estás?	Como estás?
Almuerzo	Almoço	¿Cómo te llamas?	Como te chamas?
Cena	Jantar	Gracias	(Muito) Obrigado/a
Comedor	Sala de jantar	Hola	Olá, oi aló
Desayuno	Pequeno-almoço	Adios	Adeus
Habitación	Quarto	Perdone	Desculpe
Manta	Cobertor	Por favor	Por favor
Transportes		**En la ciudad**	
Acera	Passeio	Barato	Barato
Ascensor	Elevador	Caro	Caro
Atasco	Engarrafamento	¿Cuánto cuesta…?	Quanto custa…?
Autobús	Autocarro	¿Dónde está…?	Onde tica…?
Autopista	Auto-estrada	Derecha	Direita
Carné de conducir	Carta de condução	Izquierda	Esquerda
Carretera	Estrada	Recto	Em frente
Estación	Estação	Antes	Antes
Gasolinera	Bomba de gasolina	Después	Depois
Peaje	Portagem	Delante	Adiante, à frente
Póliza de seguros	Apólice de seguros	Detrás	Atrás, detrás
Tráfico	Trânsito	Cerca	Perto
Tranvía	Eléctrico	Lejos	Longe
Meses del año		**Comida**	
Enero	Janeiro	Arroz	Arroz
Febrero	Fevereiro	Huevo	Ovo
Marzo	Março	Ternera	Vitela
Abril	Abril	Cerdo	Porco
Mayo	Maio	Pollo	Frango
Junio	Junho	Pescado	Peixe
Julio	Julho	Bacalao	Bacalhau
Agosto	Agosto	Jamón	Presunto
Setiembre	Setembro	Vino	Vinho
Octubre	Outubro	Pan	Pão
Noviembre	Novembro	Agua	Água
Diciembre	Dezembro	Azúcar	Açúcar
Días de la semana		**Algunas palabras comunes**	
Domingo	Domingo	Menos/más	Menos/mais
Lunes	Segunda-feira	Hoy	Hoje
Martes	Terça-feira	Mañana	Amanhã
Miércoles	Quarta-feira	Ayer	Ontem
Jueves	Quinta-feira	Mañana	Manhã
Viernes	Sexta-feira	Tarde	Tarde
Sábado	Sábado	Noche	Noite
Dinero		**Colores**	
Billetes	Notas	Amarillo	Amarelo
Cajero	Caixa automática	Azul	Azul
Cambio	Câmbio/Trocos	Rojo	Vermelho
Monedas	Moedas	Verde	Verde
Sacar dinero	Levantar dinheiro	Blanco	Branco
Tarjeta de crédito	Cartão de crédito	Negro	Preto

Índice de lugares

Mapa
de
Portugal

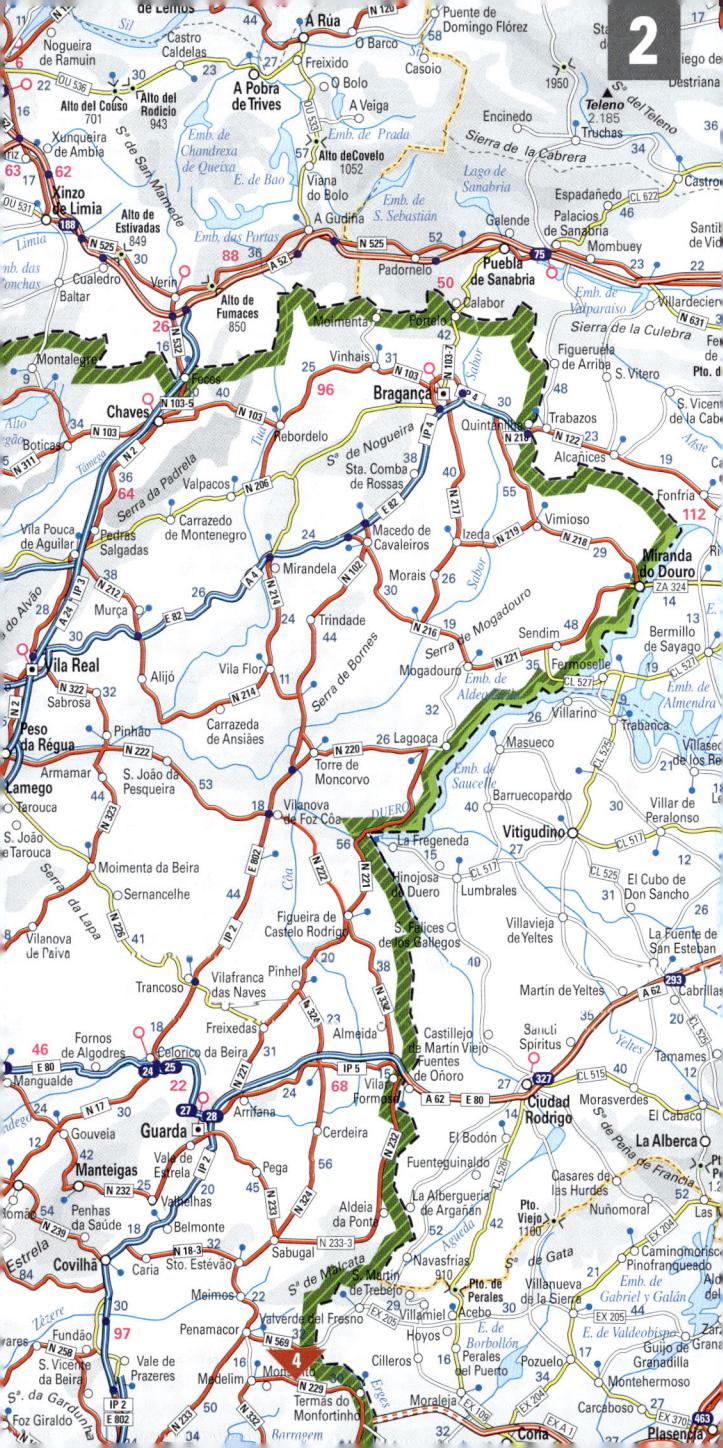

3

Figueira da Foz · Coimbra · Lousã · Soure · Condeixa-a-Nova · Miranda do Corvo · Penela · Sª de Lousã · Pampilhosa da Serra · Pombal · Ansião · Pedrógão · Sertã · Vila de Rei · Barqueiro · Carnache de Boniardino · Marinha Grande · São Pedro de Moel · Leiria · Batalha · Ourém · Fátima · Tomar · Ferreira do Zêzere · Sardoal · Nazaré · Cruz da Légua · Alcobaça · Torres Novas · Entroncamento · Abrantes · Rossio · Bemposta · S. Martinho do Porto · Alfeizerão · Alcanede · Vila Nova da Barquinha · Golegã · Foz del Arelho · Caldas da Rainha · Rio Maior · Sª de Candeeiros · Chamusca · Peniche · Cabo Carvoeiro · Óbidos · Atouguia da Baleia · Bombarral · Santarém · Alpiarça · Almeirin · Chouto · Lourinha · Cercal · Avèiras de Cima · Cartaxo · Mege · São José da Lamarosa · Montargil · Praia de Sta. Cruz · Aldeia Gavinha · Alenquer · Azambuja · Couço · Torres Vedras · Sobral de Mtº Agraço · Carregado · Vila Franca de Xira · Salvaterra de Magos · Benavente · Coruche · Mora · Pavia · Mafra · Malveira · Bucelas · Porto Alto · Lousa · Alverca do Ribatejo · Arraiolos · Sintra · Colares · Cabo da Roca · Loures · Amadora · Alcochete · Sto. Estêvão · Canha · Cabo Raso · Cascais · Estoril · LISBOA · Almada · Montijo · Taipadas · Cruzamento de Pegões · Vendas Novas · Montemor-o-Novo · Costa da Caparica · Barreiro · Pinhal Novo · Palmela · Marateca · Santiago do Escoural · Vila Nogueira de Azeitão · Setúbal · S. Cristóvão · Alcáçovas · Santana · Portinho · Sesimbra · Cabo Espichel · Península de Tróia · Comporta · Sado · Alcácer do Sal · Torrão · Alvito · Casa Branca · Melides · Grândola · Odivelas · Costa de Sto. André · Azinheira dos Barros · Sta. Margarida do Sado · Vila Nova de Sto. André · Santiago do Cacém · Abela · Ermidas Aldeia · Ferreira do Alentejo · Cabo Sines · Sines · S. Domingos · Ervidel · Tanganheira · Barragem do Campilhas · Aljustrel · Vila Nova de Milfontes · Cercal · Sta. Luzia

Barragem do Cabril · Barragem do Castelo do Bode · Barragem de Montargil · Barragem de Pego do Altar · Barragem do Monte da Rocha

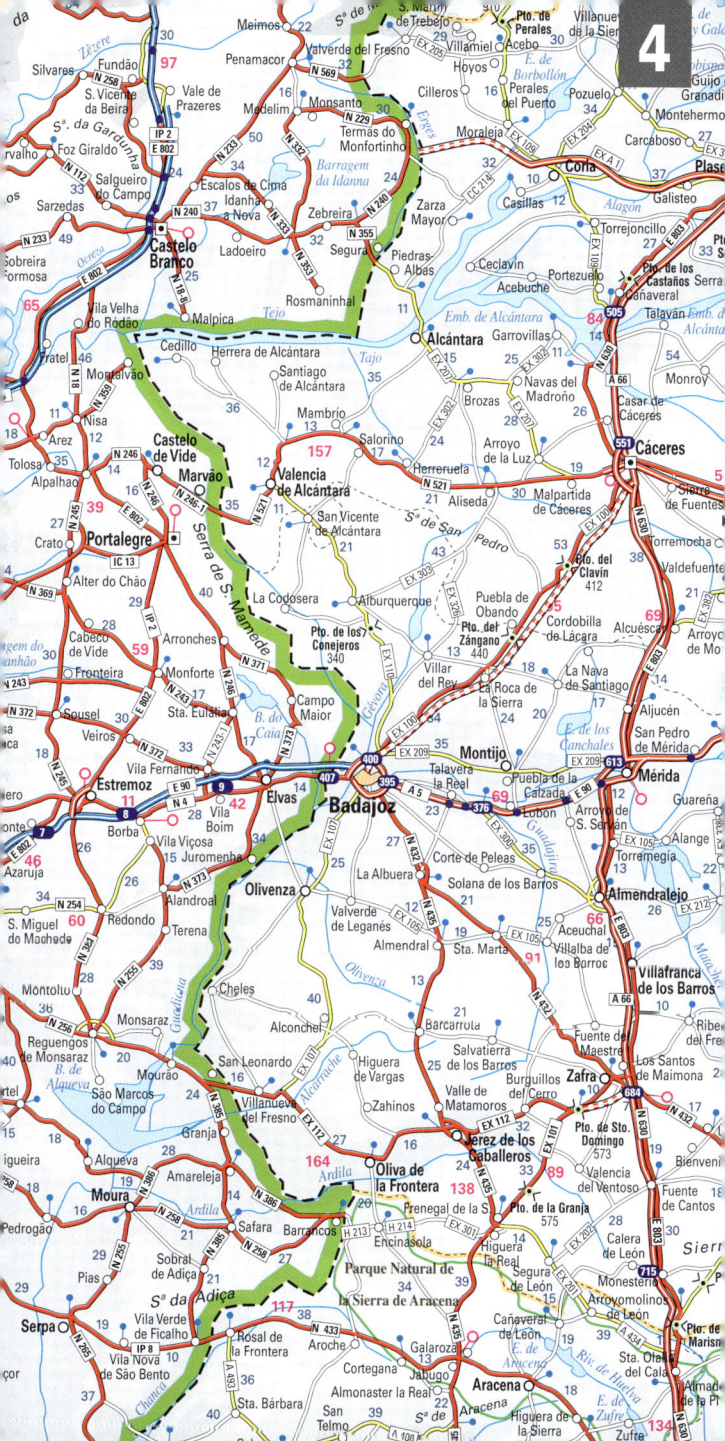

5
Setúbal
Marateca
Portinho
Península de Tróia
Comporta
Sado
Alcácer do Sal
S. Cristóvão
Barragem de Pego do Altar
Montemor-o-Novo
Santiago do Escoural
Évora
S. Miguel de Machede
Montoito
S. Manços
Aguiar
Viana do Alentejo
Reguengos de Monsaraz
B. de Alqueva
Portel
Alcáçovas
Torrão
Alvito
Casa Branca
Melides
Grândola
Costa de Sto. André
Vila Nova de Sto. André
Azinheira dos Barros
Sta. Margarida do Sado
Odivelas
Cuba
Vidigueira
Santiago do Cacém
Abela
Ermidas Aldeia
Ferreira do Alentejo
Beringel
S. Matias
Pedrogão
Cabo Sines
Sines
S. Domingos
Ervidel
Beja
Pias
Serpa
Aljustrel
B. do Roxo
Barragem do Campilhas
Tanganheira
Cercal
Vale do Açor
Vila Nova de Milfontes
Sta. Luzia
B. do Monte da Rocha
Garvão
Castro Verde
Alcaria Ruiva
Mina de S. Domingos
S. Martinho das Amoreiras
Ourique
Mértola
Odemira
S. Teotónio
Santana da Serra
S. João dos Caldeireiros
Sabóia
Almodóvar
Odeceixe
Serra de Monchique
B. do Sta. Clara
Navel Redonda
Alcoutim
Ameixial
Martim Longo
San Marcos da Serra
Serra do Caldeirão
Aljezur
Monchique
Alfambra
Cachopo
Odeleite
S. Bartolomeu de Messines
Peralva
Barranco Velho
Porto de Lagos
Silves
Castro Marim
S. Brás de Alportel
Loulé
Paderne
Cacela
Portimão
Lagoa
Alcantarinhas
Boliqueime
Sta. Catarina
Tavira
Vila Real de Sto. António
Lagos
Praia da Rocha
Ferreiras
Albufeira
Quarteira
Almansil
Estói
Moncarapacho
Fuzeta
Olhão
Faro
Cabo de Sta. María
Sagres
Ponta de Sagres
OCÉANO ATLÁNTICO

SIGNOS CONVENCIONALES EN LOS PLANOS

Grandes arterias

Edificios importantes

Otros edificios

Parques y jardines

Cementerio cristiano

Ferrocarril

Acceso al metro
y nombre de la estación

Información

Zona peatonal